상담기법 영역 3

찾아가는 상담

노성덕 지

상담학 Best Practice 시리즈

학지사

발간사

"상담학은 상담에 관한 이론 연구뿐만 아니라 그 실천에 대한 연구 또한 중요하다."라는 명제에 대해 대부분의 상담학도들이 동의하리라 생각된다. 현재 우리나라에는 이미 수백 명의 상담학 전문가가 활동하고 있으며 수천 명의 학생들이 전문가가 되기 위한 수련을 하고 있다. 우리 상담전문가들은 청소년, 교육, 복지, 기업, 군대, 법원, 진로개발 등 여러 분야에서 전문적 활동을 하면서 국가와 사회에 공헌하고 있다. 상담의 실제는 이미 다양한 분야와 영역에 걸쳐 발전하고 있는 것이다.

'상담학 Best Practice 시리즈'는 실제 상담현장에서 수고하는 많은 상담전문가들의 실천 경험을 기반으로 하여 기존의 상담학 교재들의 이론 중심 내용에서 벗어나, 보다 실제적이고 상담현장에서 쉽게 적용해 볼 수 있는 사례 중심의 실천적 상담교재라 할 수 있다. 상담학 Best Practice 시리즈는 상담기법 영역, 상담문제 영역, 상담 프로그램 영역, 상담자 전문성개발 영역 등 총 4개 영역으로 구성되었다. 이론보다는 실제 사례를 통해 이론과 기법들이 사례에 어떻게 적용되는지 그 과정과 절차를 자세히 기술하여 상담자들의 실천적 지식을 높이고자 하였으므로, 상담학에 입문한 전공자나 학교 현장의 전문상담교사 그리고 전국의 청소년상담센터 상담전문가들에게 실제적인 도움이 될 수 있을 것이다.

이 시리즈는 한국 상담학계에서 활발히 활동하고 있는 상담학 교수 및 박사들로 구성된 각 영역의 전문가들이 힘을 모아서 집필한 결실이다. 이 시리즈가 출간될 수 있도록 애써 주신 집필진 모두에게 편집위원회를 대표하여 진심으로 고마움을 전한다. 아울러 상담학 Best Practice 시리즈가 출간될 수 있도록 아낌없이 지원해 주신 학지사 김진환 사장님과 최임배 편집부장님을 비롯한 관계자 여러분께도 감사드린다.

2007년

상담학 Best Practice 시리즈 편집위원회 위원장

김계현

머리말

상담은 인간에 대한 심층적 이해를 바탕으로 실제적인 문제해결을 제공하는 실천적 학문이다. 상담이라는 학문이 태동된 이후, 수많은 상담자들은 인간의 심리적 문제를 해결하는 데 관심을 가져왔고, 실제적인 도움을 주기 위해 많은 기법들을 개발해 왔다. 우리나라도 예외는 아니다. 상담이 적용되기 시작한 이래로 많은 상담학자들이 실제적 문제해결을 위한 다양한 기법 개발을 고민해 왔다. 그리고 현장에서는 고객이 기대하는 결과를 만들어 내기 위해 다양한 개입전략들을 시도하고 있다. 상담이라는 행위가 처음 시도될 때부터 사람이 가지고 있는 각종 증상들을 해결하기 위한 하나의 방법으로 사용되었기 때문에 상담은 시작부터 실천적 학문일 수밖에 없었다.

그러나 고객이 기대하는 결과를 만들어 낸다고 해서 모든 조력활동이 상담일 수는 없다. 여기에 고민이 있다. 상담인 것과 상담이 아닌 것을 구별해야 하는 과제가 따르기 때문이다.

상담인 것과 상담이 아닌 것을 구별하는 것은 고객의 이득을 위해 꼭 필요한 작업이다. 고객에게 과학적 토대, 객관적 증거들, 검증된 지식이 아닌 임기응변식 방법을 제공할 수는 없기 때문이다. 적어도 상담이라는 방법이 고객에게 행해질 때는 고객이 받을 수밖에 없는 지적, 정서적, 신체적, 영적 영향들을 고려해야 하고, 적어도 수년 또는 수십 년 내에 고객에게 긍정적 변화를 초래할 확증이 필요하다. 이 때문에 많은 상담자들이 새로운 개입전략 개발을 고민하면서도 쉽게 적용할 수 없는 딜레마에 빠진다.

2000년대에는 프로이트나 융이나 설리반 등이 미처 상상하지 못했던 무척 새로운 문제들이 화제가 되고 있다. 이전 상담자들이 구축한 기본적인 이해의 틀이 개연성 있게 새로 대두된 문제를 이해하는 데 도움이 될 수는 있을 것이다. 그러나 현재 21세기의 고객들에게 필요한 것은 개연성 있는 이해의 틀이 아니라 고통을 감소시켜 줄 수 있는 방법이다. 이런 관점에서 보면, 지금은 상담 및 심리치료 영역에서 새로운 개입전략 개발을 위한 시도가 환영받아야 하는 때라고 본다. 저자는 상담현장에서 상담자들 손에 들려 활용되는 많은 기법들을 보아 왔다. 그리고 동시에 '이것을 과연 상담이라고 할 수 있을까요?'라는 질문을 참으로 많이 받아 왔다. 솔직히 말하면, 저자는 '이것이 상담이 되게 해야 하지 않을까요?'라고 답하고 싶은 심정일 때가 많았다. 미숙하지만 이러한 고민들을 아주 초보적인 수준에서 찾아가는 상담이라는 제목 안에 담아 보고 싶어서 이 책의 저술 제안을 받아들였다. 이 책의 내용들은 저자가 새로 만들어 낸 것이 아니다. 모두 현장에서 이루어지고 있는 것인데, 상담이라는 관점에서 '찾아가는 상담'의 유형으로 정리해 본 것이다.

저자는 대학원 재학 중에 김계현 선생님이 지도했던 '상담학의 새로운 동향과 쟁점'이라는 교과목을 들으면서 패러다임 전환을 경험할 수 있었다. 그리고 김동일 선생님의 '정서장애에 대한 특수교육은 심리치료를 더욱 풍성하게 해 주는 새 지평'이라는 표현에서 창의적 기법 개발의 가능성을 생각하기도 했으며, 장대운 교수님의 '다문화주의 상담' 강의를 통해 우리에게 맞는 기법 개발이 필요하다는 생각을 했던 기억을 가지고 있다. 청소년 상담을 하면서 박재황 선생님, 구본용 선생님, 장재홍 선생님, 유성경 선생님, 금명자 선생님, 오익수 선생님, 이상희 선생님, 김인규 선생님과 청소년 상담의 새로운 개입 전략 필요성에 대한 이야기를 나누었던 것들이 나에게는 참으로 소중한 경험이 아닐 수 없다. 그리고 최근에 청소년 상담 영역에서 새롭게 적용이 필요한 기법들에 대해 때로는 밤을 지새우고, 때로는 흥분하면서 토론하고 이야기 나누었던 이창호 선생님, 황순길 선생님, 이호준 선생님, 유순덕 선생님, 성환재 선생님, 배영태 선생님, 박한샘 선생님, 신경미 선생님, 백사인 선생님, 김세진 선생님, 김영순 선생님, 정민재 선생님 등등 많은 전문가 선생님들의 얼굴이 떠오른다.

찾아가는 상담을 정리하면서 다양한 상담 기법이 개발되어야 하는 필요성을 더욱 느끼게 되었다. 부족한 언변이지만 이 책에 표현된 기법들이 더욱 정교하게 다듬어져서 고객의 이득이 증대되는 데 조그만 도움이라도 되었으면 하는 바람을 가져본다. 그리고 우리 사회에 맞는, 현장에서 요구하는 다양한 기법 적용의 효용성에 대한 활발한 논의가 이루어지기를 바란다.

몇 주 동안 매일 저녁 서재의 PC 앞에 앉아 있는 아빠를 인내하며 바라보고 알아서 놀아 준 상현이와 시현이에게 고마움을 전한다. 그리고 원고를 처음부터 끝까지 읽고 저자의 습관적인 어투, 어색한 문장, 오탈자 등을 교정해 준 한국청소년상담원의 김소연 선생님과 김호정 선생님께 감사드린다. 또한 꼼꼼하게 편집해 주고 삽화도 챙겨 준 학지사 이지혜 님과 김진환 사장님께도 감사의 마음 전한다.

2008년 6월

신당동 한국청소년상담원에서

노성덕

차 례

1 찾아가는 상담의 기초

이야기 하나: '시르미'와 '나미더'

아주 아주 넓은 강이 있었습니다. 강이 어찌나 넓은지 이쪽 한 편에 서서 반대편을 보면 땅은 보이지 않고 끝없는 수평선만 눈에 아른거리는 그런 강이었습니다. 그래서 사람들은 이 강을 바다라고 불렀습니다. 사람들이 바다라고 부른 그 강(지금부터 바다라고 부르겠습니다)은 물살도 세고, 물도 많아서 아무리 가뭄이 들어도 물이 줄지를 않았습니다. 그래서 사람들은 더더욱 바다라고 확고히 믿었습니다. 이 바다가 어찌나 넓고 물살이 거셌는지 사람들은 다리를 놓아 볼 생각을 하지 않았고, 배를 타고 건널 때는 물살이 약한 곳으로 가서 건너곤 했답니다.

이 바닷가에 개미마을이 있었습니다. 사람들이 바다라고 부르는 강가에 사는 개미들은 이 강을 그야말로 망망대해로 생각했고, 바다를 건너간다는 것은 상상도 하지 못하고 살았습니다. 그래서 이 개미마을에는 바다를 건너려고 시도했다는 조상에 대한 전설도, 바다를 건너가려고 마음먹었었다는 선조에 대한 신화도 없었습니다.

그런데 어느 날 이 바다를 건너야만 하는 개미, '시르미'가 나타났습니다. 무슨 사연인지는 모르겠지만 '시르미'는 반드시 바다를 건너야만 했답니다. '시르미'는 바다를 건널 방법을 찾아서 몇 달을 먼 마을까지 헤매고 다녔지만, 다리에 알통만 생겼을 뿐 뾰족한 방법을 찾지 못했습니다. 실망한 '시르미'는 바닷가에 앉아 흐르는 바닷물만 바라보며 한숨을 내쉬면서 하루하루를 보내고 있었습니다. 그러던 어느 날 커다란 거북이 '나미더'가 바닷가에 저벅저벅 올라오다가 시름 가득한 표정으로 힘없이 앉아 있는 '시르미'를 보고 말을 건넸습니다.

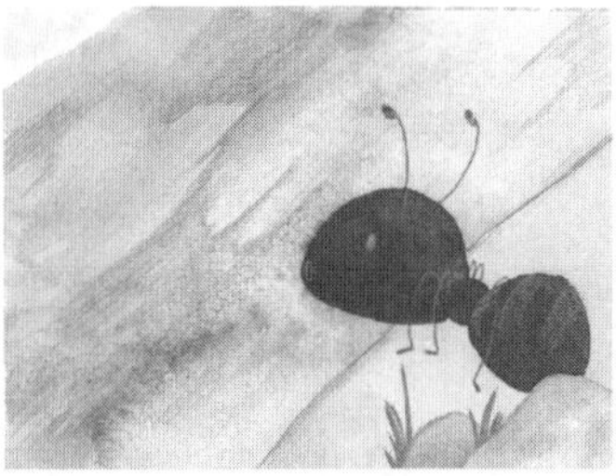

"야. 넌 무슨 일로 그렇게 벌레 씹은 표정을 하고 앉아 있냐?"

'시르미'는 힘 빠진 목소리로 자신의 처지를 설명했습니다.

"후, (이러쿵저러쿵……) 그래서 이렇게 앉아 있는 거야."

'시르미'의 이야기를 다 들은 '나미더'는 씩 웃으며 오른손 엄지손가락을 들어 자신의 등을 가리키면서 간단히 말했습니다.

"야, 타!"

순간 '시르미'는 당황했습니다. 그리고 아주 짧은 순간 당황이 기쁨으로 변했습니다. '아! 그래! 거북이는 헤엄 잘 치잖아!' 하지만 기쁜 생각과 함께 불안한 기분도 들었습니다. '이렇게 쉬운 방법이 있었는데, 왜 저 바다를 건넜다는 조상이 없을까?' 그래서 아주 잠시 멈칫했습니다. 그러나 작은 불안 때문에 다가온 기회를 놓칠 수는 없었습니다. 그래서 '시르미'는 애써 불안을 기쁨으로 전환시키면서 '나미더'에게 달려가 고맙다고 연거푸 인사를 하면서 등 위에 올라탔습니다. '나미더'는 별일 아니라는 듯 가볍게 '시르미'를 등 위에 태우고 바다로 발걸음을 저벅저벅 옮겼습니다.

때마침 바다 건너에도 바다를 건너야 하는 개미 '아르미'가 있었습니다. 그 '아르미'가 왜 바다를 건너야 하는지는 모르지만(아직 분석 중이랍니다), '아르미'도 몇 달 동안 애타게 바다를 건널 방법을 찾다가 뾰족한 대안을 마련하지 못한 채 우거지상을 하고 몇 날을 바닷가에 앉아 있었습니다. 그러던 어느 날, '아르미'는 쓸쓸한 표정으로 흐르는 바닷물을 바라보다가 웬 거북이가 개미 한 마리를 태우고 바닷가로 저벅저벅 걸어 나오는 광경을 목격하였습니다. 웬일인가 싶어 신기하게 바라보고 있는데, 개미를 태운 거북이가 '아르미' 쪽으로 다가왔습니다. 한참 후에 저벅저벅 걷던 거북이와 '아르미'의 눈이 마주쳤습니다. 이 거북이는 '나미더'였습니다. 자, 여러분! '나미더'는 '아르미'가 왜 이곳에 앉아 있는지 알아챘을까요, 못 알아챘을까요? 맞습니다. '나미더'는 '아르미'가 무엇을 원하는지 단박에 알아챘습니다. 그래서 '아르미'가 '나미더'에게 말을 건네려고 입을 떼기도 전에 '나미더'가 먼저 말을 건넸습니다.

"야, 내가 너도 태워서 건네줄까?"

순간 '아르미'는 눈을 크게 뜨고 흥분으로 입을 헤 벌린 채, 손발에 힘을 가득 주며 덩실덩실 춤추듯 우아한 걸음으로 '나미더'에게 달려갔습니다. '그토록 찾던 바다를 건널 방법이 이렇게 굴

러오다니……. 저 위에 있는 개미가 거북이를 타고 저 바다를 건너왔다면…….' '아르미'는 기쁨과 환희로 가득 찼습니다.

"고맙다. 거북아. 너무너무 고맙다."

'아르미'는 '나미더' 곁에 서서 덩실덩실 춤추며 연거푸 고맙다고 말을 했습니다. 그리고 '나미더' 등 위에 있는 개미가 내려오면 올라타려고 힐끗 힐끗 위를 바라봤습니다.

이미 눈치 채셨겠지만, '나미더' 등 위에 납작 엎드린 개미는 '시르미'였습니다. '나미더' 등 위에 잠자듯 엎드려 있던 '시르미'는 밑에서 촐랑거리는 '아르미'의 소리에 힘겹게 고개를 들었습니다. 그리고 천천히 '아르미'를 바라보았습니다. 그러더니 힘겹게 숨 넘어 가는 소리로, 간신히 내뱉듯 말했습니다.

"야, 으…… 타지마. 이 자…… 슥…… 잠수해."

어떻게 된 일일까요? 앞으로 잠시 돌아가 보겠습니다. '시르미'를 태운 '나미더'가 바닷가로 걸어 들어갈 때, '시르미'는 잔뜩 들떠 있었습니다. 그래서 수다스러워졌죠.

"야. 거북아. 나는 너를 위해 해 준 일도 없고, 별로 도움되는 일도 하지 않았는데, 네가 이렇게 힘든 일을 자청하여 나를 도와

주니까 참 미안하다. 난 무엇을 할까? 노동요라도 부를까? 에헤야 디야…….”

이렇게 말을 하고 노래를 부르기 위해 ‘시르미’가 막 입술을 떼는 순간, ‘나미더’는 바다 속으로 수직으로 잠수해 들이갔습니다. ‘시르미’는 깜짝 놀랐습니다. 그리고 노래 부르다 입 안에 머금은 공기를 뱉지 않으려고 입을 꼭 다물면서 ‘나미더’ 등에 납작 달라붙었습니다.

‘대체 무슨 일이야…….’ 잠시 기다려 보았는데, ‘나미더’는 계속 수직으로 내려가기만 했습니다. 한참 기다리자 바닥 부근에서 ‘나미더’가 수평을 잡고 빠르게 헤엄을 쳤습니다. 하지만 ‘시르미’는 죽을 것만 같았습니다. 그래서 ‘나미더’ 등을 마구 두드렸습니다. 그러나 ‘나미더’는 눈치 채지 못하는 것 같았습니다. ‘시르미’의 눈꺼풀은 익사 직전의 상태로 변해 갔고, 등을 두드리던 손의 힘이 빠지면서 ‘시르미’는 모든 걸 포기한 듯 물속에 몸을 맡기면서 간신히 세 개의 다리로 ‘나미더’의 등에 매달린 꼴이 되었습니다. 그때쯤 ‘나미더’가 물 위로 빠르게 솟구쳐 올라서 수면으로 떠올랐습니다. ‘시르미’는 숨을 거칠게 몰아쉬면서 헉헉 댔습니다. 그리고 말했습니다.

"허…… 후…… 야, 거북아. 허……."

순간 '나미더'는 다시 물속으로 수직 하강했고, '시르미'는 좀 전의 상태를 또다시 경험해야 했습니다. 다시 떠올랐을 때, '시르미'는 말을 하지 않았습니다. 다만 숨을 깊이 쉬면서 공기를 폐에 저장할 만큼 저장하고, 입 안에도 가득 저장하여 물속에 가라앉는 것을 준비해야 했습니다. '나미더'는 그렇게 수직 상승과 하강을 반복하면서 바다를 건넌 것입니다. '시르미'는 거의 죽을 뻔했습니다. 그나마 살아남은 것은 바다를 건널 방법을 찾느라 몇 달을 헤매고 다니느라고 폐활량이 늘었기 때문이었습니다(진단 결과랍니다). 어떤 생물학자는 '시르미'가 하얗게 질려서 몸 색이 바뀌었기 때문에 흰개미의 진정한 원조라고도 합니다…….^^ '나미더'가 이러한 방법으로 바다를 건넌다는 것을 '시르미'에게 이야기 했더라면 '시르미'가 탔을까요? 아마 타지 않았을 것입니다.

'나미더'는 왜 그랬던 것일까요? '시르미'를 놀려 주려고 그랬던 것일까요? 아니죠. '나미더'는 순수하게 '시르미'를 도와주려고(helping, consulting, counseling) 했던 것입니다. 다만 자기의 경험으로 터득한 자기방식, 자기습관, 자기습성으로 '시르미'를 도와주려고 했던 것이죠. 그 바닷가에 사는 거북이들은 넓고 물살이 센 바다를 건너려다 하류로 떠내려 가곤 하던 어려움을 극복하기 위해 짧은 순간에 물 흐름이 약한 바닥까지 내려가서 최대한 헤엄치다가 다시 수직으로 상승하여 숨을 쉬고 곧바로 수직 하강하여 바닥에서 헤엄치는 것을 반복하는 '건너가기 방법'을 터득했던 것이죠. 거북이 입장에서는 같은 모래사장에서 태어나서 어린 시절을 같이 보내는 개미들도 자기와 같은 줄 알았던 거죠. 같은 곳에서 살았으니까요. 그래서 묻지도 않고, 그냥 자연스럽게 개미를 등에 태우고 잠수하는 실수를 범한 것입니다.

상담을 하다 보면 이렇게 거북이 같은 태도를 보이는 사람들을 종종 만나게 된다. 바로 자신의 경험에 기초해서 자녀에게 너무 쉽게 충고를 남발하는 사람들이다. '눈높이'라는 말은 늘 하면서도, 정작 자녀를 대할 때는 이미 3~40년을 살아오면서 온갖 경험으로 중무장한 그 태도로 자신도 못했고, 현재도 못하고 있으며, 앞으로도 못할 일들을 너무 쉽게 조언하는 그런 사람들 말이다. 자녀들은 그런 충고와 조언을 한마디로 '잔소리'라고 치부해 버린다. 그런데 상담자들은 어떨까? 혹 상담자들이 그런 실수를 저지르지는 않는지 생각해 볼 필요가 있다. 아마도 로저스가 충고와 조언은 상담이 아니라고 강조한 이유가 이 때문인지도 모르겠다. 하지만 상담과정에서뿐만 아니라 혹 상담의 방법과 절차에서도 지나치게 자기의 습관과 전통적인 방법을 거북이처럼 사용하고 있는 것은 아닌지 자문해 보자.

상담이라는 학문이 가지는 정체성과 본질을 훼손하지 않는다면 상담자는 고객의 입장에서 다양한 방법을 시도해야 한다고 생각한다. 어떤 활동이든 그 결과가 상담 결과와 같다고 해서 그것이 곧 상담이 될 수 있다는 것은 아니다. 그러나 그 활동 속에 상담적 요소들이 있다면 새로운 시도의 하나로 활용하는 것이 필요하지 않을까? 그것은 고객의 입장, 고객이 기대하는 문제해결과 심리치료의 관점에서 생각해 보아야 할 문제라고 본다. 이 문단의 첫 문장에서 '상담이라는 학문이 가지는 정체성과 본질'이라는 구를 사용했는데, 그것이 무엇인지에 대한 논의는 이 책에서 다루지 않을 것이다. 이미 전문가들의 뇌리에는 다양한 생각들이 꼬리에 꼬리를 물고 확산되고 있으리라 짐작되는데, 이에 대한 논의는 김계현 교수의 『상담심리학』이나 박성희 교수의 '상담학시리즈'를 참고하는 것이 좋을 듯하다.

1. 찾아가는 상담의 의미

찾아가는 상담이란 무엇일까? 단어의 의미로만 살펴보면 찾아가는 상담은 상담을 실행하는 한 가지 방법을 지칭하는 것이다. 상담을 하는데, 상담자가 찾아가서 상담한다는 것이다. 이런 관점에서 보면 찾아가는 상담은 단순히 찾아오는 상담의 반대 개념이 된다. 하지만 찾아가는 상담을 좀 더 자세히 살펴보면 그 안에는 물리적 공간으로 찾아간다는 문자적인 의미 외에도 몇 가지 중요한 의미가 내포되어 있음을 발견할 수 있다.

첫째, 찾아가는 상담은 상담자가 대상자의 생활공간, 즉 대상자의 물리적 공간에 찾아가는 것을 의미한다. 이것은 찾아가는 상담이 가지는 문자적 의미라고 볼 수 있다. 대체로 상담은 대상자가 찾아오는 것으로부터 출발한다. 그러나 찾아오지 않는 대상자를 상담해야 할 때가 있다. 이때 상담자가 현장에 찾아가는 것이다. 이 현장은 가정일 수도 있고, 학교일 수도 있고, 거리일 수도 있으며, 또는 시설일 수도 있다. 찾아가는 곳이 어느 곳인지에 따라 상담자가 사전에 고려해야 할 사항들에는 차이가 있다. 그러나 어느 곳이든 상담자가 대상자를 찾아간다는 것은 기존의 내방상담의 틀에서 탈피하는 새로운 시도임이 분명하다.

둘째, 찾아가는 상담은 상담자가 대상자의 심리적 공간에 찾아가는 것을 의미한다. 대상자가 주관적으로 경험하는 내적 상황에 찾아가서 머무르며 대상자와 함께하는 것이다. 함께하는 시간이 양적으로 어떠한가와 관계없이 상담자가 대상자의 주관적 세계에 찾아가 함께해 주는 것을 찾아가는 상담이라고 한다. 그러나 상담자가 대상자의 심리적 공간을 찾아가는 것만 가지고는 찾아가는 상담이라고 하지 않는다. 왜냐하면 모든 상담자들은 대상자의 심리적 공간에 머무르기 때문이다. 우리는 이것을 치료 동맹 또는 상담관계라고 이야기한다. 따라서 대상자의 심리적 공간에 머무른다는 것 자체만으로는 찾아가는 상담의 의미를 만족시키지는 못한다. 다만 상담자가 물리적 공간에 찾아가는 것을 전제로 심리적 공간에 머무른다는 것이 의미를 가지게 된다.

셋째, 찾아가는 상담은 상담자가 대상자의 필요에 맞는 고객 맞춤형 상담서비스를 제공하는 것을 의미한다. 사회가 민주화되고 복지지향형 사회로 발전해 갈수록 전문직은 자기중심의 활동이 아닌 고객중심 활동으로 전환된다. 상담이라는 전문직은 두말할 나위 없이 고객중심의 자세를 필요로 하는 영역이다. 상담자는 자기가 가진 특수한 기법을 간판처럼 걸어 놓고 이에 걸맞은 대상자를 취사선택하는 수동적인 태도에서 벗어나서, 대상자를 위해 자신의 기법을 변형시켜 제공하는 능동적인 전문가로서의 태도를 가질 필요가 있다. 상담이라는 학문이 대상자의 욕구에 어느 정도 부응하지 못하면 상담은 더 이상 발전하기 어려우며 이것은 상담자들의 수입에도 영향을 미치게 될 것이다. 앞서 언급한 거북이 이야기에서처럼, 자기에게 익숙하게 굳어진 방법을 마치 당연한 것처럼 그저 받아들이는 자동적 사고에만 머물러 있다면 상담을 받고자 하는 고객은 상담자와 상담서비스를 거부할 것이다. 고객이 상담자의 전문가다운 권위를 위해 자신의 불편함을 받아들이는 시대는 지났기 때문이다. 만약 상담자들이 '초 · 중 · 고등학교에서는 상담하기 어렵다. 학교 여건이 상담을 할 수 있게 허용하지 않는다.' '군상담을 위해서는 상담에 대한 군 간부들의 인식이 변해야만 한다.' '대학상담기관에서 상담할 때 대상자가 찾아오지 않으면 어쩔 수 없이 조기 종결할 수밖에 없다.' 라는 말만 상투적으로 읊조린다면 정말 전문가인지 의심받게 될 것이다. 상담은 상담이라는 고유의 기법과 특성들을 지키면서도 고객의 요구에 맞는 맞춤형 서비스를 제공하기 위해 변화해야 한다. 그것이 맞춤형 서비스 제공일 것이다. 실제 상담현장에서 상담자는 개인 대상자만을 상대하지는 않는다. 경우에 따라서는 지역사회의 단체, 학교, 지방자치단체, 군부대, 나아가 국가로부터 상담서비스 제공에 대한 제안을 받기도 한다. 이때 상담자는 그들의 요구에 맞는 맞춤형 서비스를 제공하는 데 능동적인 태도를 가질 필요가 있다.

〈표 1〉 찾아가는 상담의 의미와 상담자의 태도

	물리적 공간	심리적 공간	고객의 욕구
찾아가는 상담의 의미	대상자가 처한 현장에 찾아가는 것	대상자의 주관적인 심리적 공간에 찾아가는 것	고객 맞춤형 상담서비스를 제공하는 것
찾아가는 상담자의 태도	발품을 팔 줄 아는 능동성	상담자로서의 전문성	창의성과 적극성

찾아가는 상담이란 상담자가 대상자의 물리적 공간에 찾아가는 것이다. 그러나 단순히 그것만을 의미하지는 않는다. 대상자가 처한 현장에 찾아가는 것은 상담자가 아니어도 할 수 있다. 이런 일들은 우리 사회에서 가정방문, 직장방문, 현장방문 등의 활동으로 굉장히 보편화되어 있다. 우리는 이것을 찾아가는 상담이라고 하지 않는다. 찾아가는 상담은 상담자가 대상자의 물리적 공간에 찾아가서 대상자의 주관적인 심리적 공간에 머물러 주는 것을 포함해야 한다. 이것은 상담자가 현장에 찾아가서 어느 정도의 시간을 대상자와 함께 있어야 하는가와는 별개의 문제다. 시간의 양과 관계없이 상담자는 대상자의 심리적 공간에 머물러 줄 수 있어야 한다. 그런데 현장에서 심리적 공간에 머물러 있어 주는 것만으로는 찾아가는 상담이라고 하기 어려울 때가 있다. 현장에 찾아가서 심리적 공간에 머물러 주었다면, 대상자에게 가장 적합한 상담서비스를 제공하여야 한다. 상담서비스는 매우 포괄적인 의미를 내포한다. 대상자의 입장에서 대상자의 문제를 해결하기에 적합

한 형태의 서비스가 제공되어야 하는데, 이를 단지 전통적인 상담의 형태로만 국한할 수는 없기 때문이다. 대상자의 정서적, 인지적, 행동적 변화를 초래하기 위해서 찾아가는 상담자는 대상자의 환경 변화에도 관심을 가져야 한다. 따라서 상담자는 대상자의 내적인 요소뿐만 아니라 대상자를 둘러싼 주변 여건도 주의 깊게 관찰해야 하며 필요하다면 적절한 개입을 해야 한다. 그러므로 고객 맞춤형 상담서비스란 대상자의 내적 요소뿐만 아니라 대상자를 둘러싼 가정과 학교 및 지역사회를 아우르는 지식을 바탕으로 구성하여 제시되어야 한다. 이렇듯 찾아가는 상담은 대상자의 물리적 공간과 심리적 공간, 그리고 대상자에게 적합한 형태의 서비스 제공이라는 차원이 함께 어우러질 때 그 의미를 제대로 구현하게 되는 것이다.

이러한 세 가지 의미를 종합해 보면, 찾아가는 상담이란 '대상자가 처한 물리적 공간에 상담자가 찾아가서 대상자의 심리적 공간에 찾아가 머무르며, 대상자에게 가장 적합한 상담 개입을 실시해 주는 것'이라고 정의할 수 있다. 결국 찾아가는 상담은 진정한 고객중심, 대상자중심 상담 방법이라고 할 수 있다.

2. 찾아가는 상담의 필요성과 대두

전통적으로 상담은 상담자의 개인상담실을 현장으로 삼아 찾아오는 대상자를 상담하는 것이었다. 상담자가 개인적인 상담공간을 꾸미고, 상담자를 찾아오는 대상자를 상담자의 상담 공간에서 맞이하여 상담을 진행하는 모형이 우리나라에 뿌리를 내린 상담의 전형적인 형태다. 이것은 아마도 초기 상담이 대학의 교수를 중심으로 시작되었기 때문인지도 모른다. 혹은 정신과전문의가 상담을 수행하던 형태를 모방한 데서 비롯된 것일 수도 있다. 대학의 상담기관이나 정신병원에서의 상담은 대상자가 방문하는 것에서 상담을 시작한다. 그래서 많은 학자들은 '내담자가 상담을 받으러 오는' 것에서 상담을 시작한다고 기술하고 있다. 여기에서 '내담자'라는 단어를 잠깐 주목해 보자. 내담자는 영어의 'client'를 번역한 용어다. client의 사전적 의미는 대략 네 가지 정도로 설명될 수 있다(시사영어사, 2008).

client

① 소송[변호] 의뢰인.
② 고객, 단골 손님. [SYN.] ⇨ VISITOR.
③ 〖고대로마〗 (귀족에 종속하는) 피(被)보호민; 가신(家臣), 부하.
④ 사회 복지 혜택을 받는 사람(a welfare ~); 예속자; 피보호자.

client는 의뢰인, 고객 등의 의미가 강하고 고전적으로는 피보호민 등의 의미를 가지고 있다. 그런데 왜 우리나라 상담자들은 내담자(來談者)라는 용어로 번역하는 것일까? 그것은 상담을 '찾아오는 대상자를 만나 심리치료하는 행위'로 국한한 패러다임의 영향 때문이라고 볼 수 있다. 한자로 풀이하면, 내담자란 '찾아와서 이야기를 나누는 사람'을 의미하며, 이것은 우리 사회에서 상담의 대상이라는 의미로 굳어졌다. 그렇다면 상담은 찾아오는 사람을 대상으로 심리서비스를 제공하는 직업으로 재해석될 수도 있음을 기억해야 할 것이다. 이런 맥락에서 보면, 찾아가는 상담이란 용어 자체가 틀린 것이다. 찾아가서 만나는 대상자는 내담자가 아니기 때문이다.

이와 같이 오늘날 우리나라에서 흔히 사용하는 내담자(來談者, client)라는 용어 하나에서도 상담은 찾아오는 대상자를 고객으로 삼는다는 패러다임을 엿볼 수 있다. 여하튼 대상자가 방문하든 환자가 내방하든, 기존 상담은 찾아오는 사람을 대상으로 상담을 시작한다. 이것은 대상자가 스스로 문제를 인식하고 있거나 변화에 대한 동기가 있음을 은연중에 암시하는 것이다. 그렇기 때문에 스스로 찾아오는 사람은 자기의 문제를 인식하고, 해결하고자 하는 기본적인 욕구가 있다고 본다. 그러므로 스스로 찾아오지 않을 경우 상담은 이루어지기 어렵다고 생각한다.

그러면 그 반대의 경우, 즉 스스로 찾아오지 않는 사람은 변화에 대한 동기가 없는 사람이며 상담에 적합하지 않은 사람이라고 단정지을 수 있는가? 상담자를 찾아오지 않는 사람은 자기의 문제를 전문가와 의논할 만큼 심각하게 고민하지 않는 사람이라고 생각해도 좋은가? 다음의 예를 보자.

고등학교 1학년을 중퇴한 소연이는 폭주족 친구들과 어울려서 오토바이를 타고 밤거리를 질주하는 낙으로 사는 청소년이다. 소연이의 이런 생활을 만류하다 지친 소연이의 어머니가 청소년상담전문가에게 소연이를 도와달라고 요청했다. 하지만 소연이가 상담받는 것은 어머니의 바람일 뿐, 정작 소연이는 상담실에 나타나지 않았다. 상담자는 상담실에 찾아오지 않는 소연이에게 휴대폰으로 어머니가 상담을 요청했으며 소연이가 상담실에 오고자 한다면 상담자가 언제든 도와줄 수 있다고 말했다. 상담자의 말을 듣고 소연이가 말했다. "감사하네요. 하지만 전 문제가 없거든요. 울 엄마나 상담해 주세요. 울 엄마는 예민한데다 우울증까지 있어서 만날 울고 죽겠다고 하거든요."

폭주족인 소연이는 자신이 상담 받을 문제는 없으며, 오히려 엄마가 상담 받아야 한다고 상담자에게 이야기하고 있다. 정말 소연이에게는 문제가 없는 것일까? 상담을 진행할 때, 문제의 심각성에 대한 평가는 대상자의 주관적 경험에 의존하는 경향이 있다. 주변 사람들이 보기에 하찮은 고민도 대상자가 주관적으로 위기라고 느끼며 괴로워하면 위기다. 하지만 주변 사람들이 보기에 굉장히 심각한 상태라 하더라도 본인이 견딜만하며 괜찮다고 하고 실제로 적응적으로 살면 상담자는 개입하기 어렵다. DSM-Ⅳ에서 전반적인 적응상태를 점검하는 이유도 이런 맥락일 것이다. 하지만 그 대상이 미성숙한 사람 또는 정신적 고통을 받는 환자라면 이야기가 달라진다. 앞의 예에 등장하는 소연이가 스스로 문제가 없다고 생각하며 당당하게 생활하고 있다고 해도 고등학교 1학년을 중퇴한 여학생이 면허도 없이(물론 추측이다) 폭주족 친구들과 어울려 교통법규를 어겨 가며(물론 추측이다) 밤거리에서 오토바이를 타고 폭주하는 행위는 문제상황이 아니라고 보기 힘들다. 이것은 문제다. 극단적으로 표현한다면 자신과 누군지 모를 타인이 언제 죽거나 크게 다칠지 모르는 중대한 위기상황인 것이다.

찾아가는 상담이 대두된 가장 큰 이유는 자신에게 문제가 있음에도 불구하고 이를 자각하기 어려운 사람들에 대한 사회의 관심 때문이라고 할 수 있다. 그 대표적인 경우가 청소년이다(박성수, 오익수, 이숙영, 1997). 청소년들은 자기에게 발생하는 문제들을 종합적으로 조망하는 능력이 아직 완성되지 못한 상태에 있다. 예를 들면, 부모의 이혼을 지켜보는 초등학생은 부모의 이혼에 대한 책임이 자기에게 있다고 지각하는 경향이 있다. 사실 부모가 이혼하는 데 영향을 미치는 요인들은 매우 복잡하고 다양한데도, 청소년은 자기 때문에 이혼한다는 간단한 도식을 만들어 우울함에 빠진다. 청소년들은 이렇게 생긴 죄책감과 불안을 전문가에게 도움을 청해서 해결하기보다는 자신에 대한 처벌로 받아들이는 경향도 있다. 부모가 이혼하는 것을 지켜보는 청소년들에게는 그 순간이 위기상황이다. 다양한 비극적 결과를 초래할 수도 있는 위기의 절정에 서 있다는 것이다. 그런데도 누군가에게 도움을 청하는 것을 머뭇거린다. 이런 위기청소년들에 대한 관심이 우리나라에서 찾아가는 상담을 촉진시키고 있다. 특히 2004년 이후 위기청소년들에 대한 국가의 관심이 하나의 정책으로 구체화되면서 찾아가는 상담이 국가의 지원하에 이루어지고 있는 경우도 있다. 그 대표적인 사업이 청소년동반자 프로그램이다(국가청소년위원회, 2006). 청소년동반자 프로그램은 상담자가 위기에 처한 청소년을 현장으로 찾아가서 상담하고 최적의 서비스를 연계해 주는 프로그램이다.

찾아가는 상담이 대두된 또 다른 이유는 우리나라 상황에 맞는 상담프로그램을 적용하고자 하는 상담자들의 전문적 욕구 때문이라고 할 수 있다. 우리나라에 처음 상담이 적용되었을 때, 대부분의 이론들은 외국에서 들어온 것들이었다. 외국으로부터 소개된 상담이론들은 인류의 보편적 고민과 고통에 대한 응답이라는 측면에서 볼 때 충분히 적용할 만한 가치가 있는 것들이었다. 그러나 문화적인 측면에서는 우리나라 정서에 맞게 다소 수정될 필요가 있는 부분이 있었다. 따라서 상담자들은 외국의 상담이론과 모델을 적극 수용하여 활용하면서도 우리나라 문화에 적합한 상담 방법을 찾기 위해 노력해 왔다. 많은 연구들이 있었지만, 그중에서 상담자들은 우리나라 사람들의 신념에 해당하는 정신문화에 관심을 가져왔다. 우리나라의 정신문화 중에는 '문제를 드러내지 않고 조용히 해결하려는', 소위 '체면문화'라는 것이 있다. 이 체면문화는 개인의 범위를 벗어나서 가족, 지역사회 및 국가에 광범위한 영향을 미치는데, 이 영향으로 사람들은 자신이나 가족의 문제를 타인에게 노출하기를 꺼린다(유성경, 2001; Zhang, Snowden, & Sue,

1998). 이것을 김태호(1991)는 다음과 같이 지적했다.

> ……어떤 개인의 행동이 가족 전체의 성격을 반영하는 것으로 여기므로 학교에서의 나쁜 성적, 오만불손, 범죄행위, 그리고 정신질환 등은 가문의 차원에서 그 가족 모두에게 치명적인 수치심을 안겨 준다. 그리고 가능한 한 이러한 문제들을 바깥으로 드러내기 꺼려하며 집단 내에서 처리하고자 한다.

사실 이런 특성은 우리나라뿐만 아니라, 동양문화의 한 특성이기도 하다. 1980년대 외국 학자들의 시각에도 이런 특성이 반영되어 있다. Attkinson과 Gim(1989)은 아시아계 미국 대학생들이 심리적 도움에 대한 개인적 욕구가 부족하고 인식도 덜 되어 있다고 지적했다. 즉, 심리적으로 어려움을 의논하려는 개방성이 부족하다는 것이다. 전찬화(1992)는 이런 태도의 원인을 Ross(1985)의 의견을 재인용하면서 다음과 같이 이야기했다.

첫째, 동양계 학생들에게 개방성이 부족한 것은 가치관 때문인데, 정신건강 문제로 심리치료 같은 서비스를 받는 것을 '가족의 불명예'에 해당하는 심각한 문제로 간주한다는 것이다.

둘째, 정신건강에 대한 개념 차이인데, 정신건강을 나쁜 생각을 떨치는 일로 보며, 그 같은 일은 강한 의지를 유지하며 스스로의 힘으로 해결해야 된다고 생각한다는 것이다.

셋째, 갈등을 내면화키고, 표면적으로 드러내지 않는 특성 때문이라는 것이다.

전찬화(1992)는 이와 같은 특징들을 한국인의 폐쇄적인 특징으로 보았으며, 이러한 특징이 심리적 또는 정신적인 문제에 부딪혔을 때 도움을 받을 수 있는 정신건강 서비스 기관을 찾지 않게 만든다고 지적하고 있다. 타인에게 문제를 의논하는 것을 꺼리게 되면 사람들은 상담자를 찾지 않는다. 앞서 이야기한 것처럼 상담자를 찾는 것은 자신이나 가족의 치부를 드러내는 일이라고 여기기 때문이다. 성폭행을 당한 여인이 범인을 찾아 고발하거나 복수하기보다는 오히려 가문의 명예를 지키기 위해 스스로 목숨을 버렸던 전통 하나만으로도 이 문화의 영향력을 짐작할 수 있다. 그러나 앞서 언급한 것처럼 기존의 상담 방법으로는 자신의 문제를 숨기고 드러내지 않는 사람을 대상자로 정의하고 상담을 진행할 수가 없다. 김계현(1995)은 이런 개념을 '문화 의존적'이라는 용어를 사용하여 설명했다. 상담자와 대상자의 관계에서 문화적 맥락이 고려되어야 한다는 것이다. 우리 문화의 특수성 중 하나가 자신 혹은 가족의 심리적 고통이나 어려움을 노출하는 것을 꺼리는 것인데, 그것이 문제가 된다면 찾아오지 않는 대상자를 애초에 상담 대상이 아닌 것으로 여기기보다는 그런 문화적 맥락에 맞는 개입방법이 나타나야 한다는 것으로 설명할 수 있다. 그런 상담자의 관심이 찾아가는 상담을 태동시킨 것이다. 어찌 보면 앞서 이야기한 거북이처럼 '찾아오지 않으면 조기종결이다.' 는 공식에 너무 익숙해진 상담의 패러다임을 벗어나려는 상담자의 의식전환에 기인한 것일 수 있다.

하지만 일각에서는 과연 찾아가서 상담하는 것을 '전문적 상담'이라고 할 것인지에 대한 의문도 제기되어 왔다. 혹여라도 찾아가는 상담은 상담자보다는 준상담자 또는 자원봉사자들이 할 수 있는 수준이지 않느냐 하는 데서 비롯된 의문이다. 이와 같은 의문은 찾아가는 상담이 익숙하지 않고, 오히려 가정방문, 현장방문 같은 '찾아가기'에 더 친숙하기 때문인 것으로 보인다. 찾아가는 행위는 누구나 할 수 있다. 그러나 찾아가기가 '찾아가는 상담'이 될 때는 단순 활동이 아닌 전문적 활동이 된다. 하지만 현실적으로 볼 때 최근까지 실제 찾아가는 상담을 진행해 오던 사람들은 대개 자원봉사자이거나 대학원에서 훈련을 받는 준전문가 수준의 상담자들이 많았으며, 이들은 주로 집단프로그램을 가지고 현장에 찾아가는 일을 수행했다. 그래서 전문상담자는 상담실에 앉아서 찾아오는 대상자를 심층적으로 상담하는 일을 수행하고, 찾아가는 상담자는 준전문가 수준에서 구조화된 프로그램을 도구로 사용하는 예방적 차원의 접근을 실행하는 것으로 인식되기도 하였다. 하지만 이런 의문들은 오히려 찾아가는 상담을 전문적인 수준으로 끌어올리도록 영향을 미치기도 하였다. 준전문가 또는 자원봉사자 수준의 서비스 제공에 대해서 현장으로부터의 이의제기도 예상되었으며, 실제 고객에게 찾아가서 상담을 제공하는 사람의 질에 대한 고민도 있었다. 그 결과, 아직은 시작 단계이지만 찾아가는 상담전문가가 출현하게 되었으며, 향후 이러한 추세는 더욱 확산될 것으로 기대된다.

3. 다양한 상담 형태의 출현과 찾아가는 상담

앞 절에서 찾아가는 상담이 대두된 이유 중 하나로 우리나라 상황에 맞는 개입방법 개발에 대한 상담학자들의 고민에 대해 이야기했다. 상담자들, 특히 공공기관에 근무하는 상담자들은 대상자들의 요구에 매우 민감하다. 특별히 오늘날처럼 고객만족 지향이라는 말들이 유행하는 시기에는 더욱 그렇다. 비단 공공기관에 근무하는 상담자들뿐만 아니라, 사설 기관이나 대학의 상담전공 교수들도 현장의 요구에 귀를 기울이지 않으면 상담을 실제로 발휘할 장을 확보하지 못한다는 것을 잘 인식하고 있다. 이런 측면에서 볼 때 찾아가는 상담은 현재 우리나라 상황에서 고객들로부터 요구받는 다양한 상담 모형의 맥락에서도 고민해 볼 필요가 있다.

현재 우리나라 상담은 대부분 대상자가 찾아오는 데서 시작된다. 그런데 찾아와서 상담을 받는다고 하더라도, 숙박형이나 입원형보다는 정기적으로 방문하는 방문상담의 형태가 대부분이다. 숙박형 또는 입원형을 상담의 영역에서 굳이 찾아보면 마라톤 집단상담에서 그 유사성을 발견할 수 있다.

정기적으로 방문하는 상담의 형태를 외래상담이라고 할 수 있겠다. 외래상담은 병원에서 외래환자라 부르는 정기적 방문형 환자를 가리키는 용어를 빗댄 표현이다. 그런데 외래상담에만 의존하는 것은 이미 서두에서 여러 번 강조했듯이 많은 한계를 가지고 있다. 그래서 상담자들은 고객에게 적합한 새로운 형태의 상담 방법을 찾고 있고, 실험하고, 활용하고 있다. 그것은 긴급상담, 학교 · 군대 · 소년원 · 수련관 등 기관 방문 집단프로그램 운영, 기관 내 임시상담실 설치 및 인력 파견, 위기개입, 긴급구조 상담, 일시보호 상담, 집중심리치료 등의 형태로 나타나고 있다. 미국의 경우 이미 다양한 상담의 형태가 출현해 있으며, 다양한 상담에 적용 가능한 사보험들도 발달해 있으나(노성덕, 박승민, 박경희, 신을진, 2008), 우리나라의 경우는 새로운 상담 형태들이 현장에서 조금씩 적용되거나 정부 주도하에 부분적으로 활용되고 있는 실정이다. 사실 이러한 다양한 시도는 다양한 대상자를 심리치료해야 하는 상담자에게는 시급한 문제다. 다행히 찾아가는 상담은 여러 가지 형태로 이미 우리 사회에서 사용되고 있다.

필자가 ○○○상담센터 소장으로 재직할 때의 경험을 소개하고자 한다. 그 당시에 성폭력 피해나 자살 시도 등의 문제로 긴급하게 심리치료를 요청하는 사람들이 간혹 있었다. 그때 센터는 개인상담실, 집단상담실, 심리검사실, 놀이치료실, 전화상담실, 강당, 사무실 등의 시설이 있는 전형적인 상담센터였다. 그래서 성폭력 피해, 자살, 학교 폭력 피해 등을 입고 내방한 대상자에게 상담을 실시한 후 집으로 돌려보내야 했다. 사실 그런 문제를 경험하고 내방하는 사람을 다시 같은 상황이 존재하는 집으로 돌려보내야 하는 것에 의문이 많이 들었다. 자살 시도하다가 누군가에게 발각되어 끌려온 경우나, 성폭력이 친족에게서 발생한 경우는 더더욱 그랬다.

성폭력 피해자의 경우 성폭피해 쉼터나 가폭피해 쉼터 등으로 연계하고, 자살 시도의 경우 재시도 가능성이 높으면 병원에 입원하도록 조치를 취하게 하고 있었다. 하지만 상황은 그렇게 전개되지 않았다. 성폭력, 자살 시도 등의 문제를 경험한 청소년 내방자들이 성인과 뒤섞여 있는 곳에 가기 원하지 않을 뿐 아니라 병원에 입원하는 것을 수용하지도 않고, 이미 신체적 · 정신적으로 탈진하여 혼자서 혹은 보호자와 함께 주저앉아 버리는 경우들이 있었다. 그나마 오전에 이런 상황이 벌어지면 상담자들이 개인상담 약속이 없기 때문에 긴급하게 상담을 실시하기도 하고, 어떤 식으로든 1시간 이상 앉아서 마음을 추스릴 수도 있었다. 그러나 오후 2~3시가 넘으면 약속된 청소년들이 상담을 받으러 오기 때문에 갑자기 내방하는 위기청소년을 맞이할 전문가도 없고, 또 어디 앉아서 쉬게 할 곳도 마땅치가 않았다. 왕따 때문에 자살을 시도한 청소년이 내방하면 비슷한 연령의 다른 내방 청소년과 마주치지 않도록 주의하게 되는데, 이런 맥락에서라면 있을 곳조차 없었다. 그래서 센터도 일시 공황상태에 빠지곤 했다. 당시 상담을 신청한 후 순서가 돌아오는 대기 기간은 3개월을 넘어서고 있었다.

그래서 생각한 것이 집중치료였다. 위기로 긴급하게 내방한 대상 청소년을 숙박시키면서 집중적으로 상담하는 방법을 집중치료라고 명명한 후에 사업계획서를 작성해서 시청 청소년 담당 공무원에게 제안하고, 설명하고, 시장께 건의해서 수년

만에 드롭인센터 형태로 시설을 확보할 수 있었다. 우여곡절 끝에 시장 주재로 열린 최종회의에서 드롭인센터를 허용한다는 시장의 결정이 내려져 흥분했던 기억이 생생히 남아 있다. 반대가 정말 많았었다. 지면을 빌어 당시 시장님, 부시장님, 담당 공무원들께 진심으로 감사한 마음을 전하고 싶다. 그 이후 다양한 위기청소년을 숙박치료할 수 있었다.

이것은 필자의 경험이고, 상담현장에서는 고객의 필요를 위해 새롭게 시도되는 상담 개입의 형태들이 있다. 다만 다양하게 출현하고 있는 방법들이 아직 정리되지 못하고 소개되지 않았을 뿐이다. 위에서 집중치료니 숙박치료니 하는 용어를 사용했는데, 이 용어들은 상담학 개론서에 공식적으로 언급되는 용어는 아니다. 고객을 상담하는 현장에서 고객의 유형에 맞추어 새로운 방법을 적용하면서 비슷한 개념을 빌어다 사용한 것이다. 이런 예들은 상담이 진행되는 현장에서 어렵지 않게 발견할 수 있다. 비록 위에서 언급한 필자의 경우가 찾아가는 상담의 예는 아니지만 필요에 따라 형성되는 새로운 기법을 이해하는 데 도움이 될 것이다.

이 책의 2장에서는 몇몇 찾아가는 상담의 유형에 대해 소개하고 있다. 차후 이에 대한 논의가 더 활발해지기를 기대하며, 이 책이 논의의 시발점이 되었으면 하는 바람을 가져 본다.

4. 찾아가는 상담자의 자세

찾아가는 상담을 효과적 · 효율적으로 실행하기 위해서는 무엇보다 찾아가는 상담자의 자세가 중요하다. 이 절에서는 찾아가는 상담자의 자세에 대해 몇 가지 살펴보고자 한다.

1) 적극성: 능동적이고 적극적인 태도

현장에 직접 찾아가는 데는 상담자의 능동적이고 적극적인 자세가 필요하다. 수동적으로 대상자를 기다리는 데 안주하지 않고 상담자를 필요로 하는 대상자에게 다가가야 하기 때문이다. 전통적인 관점에서 볼 때 상담자가 대상자가 있는 현장에 찾아가는 것은 여러 가지 측면에서 거부되어 왔었다. 그러나 우리나라에 청소년 상담이 자리매김하면서 지역의 청소년 상담기관을 중심으로 찾아가는 상담서비스가 다양하게 시도되었다. 이것은 청소년 상담자에게 요구되는 적극성과 관계가 깊은 것으로 보인다. 전문가들은 청소년 상담자에게 필요한 자질 중 하나로 적극적인 태도를 주장하고 있다. 뿐만 아니라 청소년 상담의 특성 중 하나로 적극적인 개입을 제안하고 있기도 하다.

2) 전문성: 대상자의 마음에 찾아가는 능력

찾아가는 상담자는 상담전문가다. 찾아가는 상담자는 잘 기능하는 대상자를 만나기 위해 자기의 사무실을 벗어나서 현장에 방문하지 않는다. 대체로 상담실에 찾아올 수 없을 만큼 상황이 좋지 않은 대상자를 만나기 위해 일부러 현장에 방문하는 것이다. 그러므로 찾아가는 상담자에게 전문성은 핵심적인 자질이라 할 수 있는데, 그중 몇 가지를 살펴보고자 한다.

첫째, 찾아가는 상담자는 위기를 경험하는 대상자와 짧은 시간 내에 치료적 동맹을 형성하는 능력을 갖추어야 한다. 그리고 대상자가 위기를 경험하는 경우, 짧은 시간 내에 개입할 수 있는 위기개입 능력을 필요로 한다.

둘째, 대인관계에서 나타나는 의미 해석 능력을 갖추어야 한다. 현장에 방문하는 경우 그곳이 가정이든, 학교든, 상담자를 맞이하는 대상자는 문제에 몰입한 상황에서 자신에게 영향을 미친 주요 타자를 상담자에게 투사하는 경우가 있다. 이때 그 관계의 의미를 파악하지 못하고 상담자가 대상자에게 부적절한 정서적 반응을 해서는 안 된다.

셋째, 찾아가는 상담자는 문제해결 능력을 갖추어야 한다. 상담자의 전문성은 결국 문제해결 능력, 즉 상담 능력이라 해도 과언이 아니다.

3) 윤리적 판단 능력

찾아가는 상담자는 사무실이 아닌 대상자가 머무는 장소에 찾아가기 때문에 다른 유형의 상담보다 윤리적으로 과오를 범할 수 있는 상황에 더 노출되어 있다. 따라서 찾아가는 상담전문가에게는 확고한 윤리적 판단 능력이 필요하다.

특히, 가정을 방문하는 경우는 대상자와 성적 관계를 가지거나 대상자 및 가족과의 관계에서 알게 된 정보를 의도적·비의도적으로 노출시키는 실수에 직면할 수 있다. 상담자가 대상자의 유혹으로 성관계를 가졌든, 상황적으로 불가피하게 사생활 정보를 노출하였든 간에, 그 책임은 상담자에게 있다는 것을 명심해야 한다. 대상자는 도움이 필요한 상태에 직면한 사람이기 때문에 그릇된 행동이나 생각을 가질 수 있다고 전제하게 된다. 그러한 행동과 생각을 일반인이 직면했다면, 실수를 했다거나 변명을 할 수 있을지도 모르겠다. 그러나 상담자는 다르다. 그릇된 행동이나 생각을 할 수밖에 없는 대상자이기 때문에 전문가인 상담자가 그를 만나도록 조치한 것이기 때문이다. 따라서 이에 대한 실수는 상담자가 속한 학회로부터 징계가 따를 뿐 아니라 법에 따라 처벌도 받게 된다.

한국상담학회 윤리규정 중 일부

3. 정보의 보호

(1) 상담자는 사생활과 비밀유지에 대한 상담수혜자의 권리를 최대한 존중해야 할 의무가 있다.

(2) 상담자는 상담수혜자에 대한 상담 기록 및 보관을 규정

에 따라 시행한다. 또한 상담자는 녹음 및 기록에 관해 상담수혜자의 동의를 구한다.

(3) 상담자는 아래와 같은 상담수혜자 개인 및 사회에 임박한 위험이 있다고 판단될 때만 매우 조심스러운 고려 후에, 상담수혜자에 관한 정보를 적정한 전문인 혹은 사회 당국에 공개한다. 이런 경우 상담 시작 전에 이러한 비밀보호의 한계를 알려 준다.

① 상담수혜자의 생명이나 사회의 안전을 위협하는 경우

② 상담수혜자가 감염성이 있는 치명적인 질병이 있다는 확실한 정보를 가졌을 경우

③ 법적으로 정보의 공개가 요구되는 경우

(4) 상담자는 상담수혜자에 대한 정보를 동료상담자 혹은 수퍼바이저에게 제공할 경우 사실적이고 객관적인 정보로 구성하며, 상담수혜자의 구체적 신분에 대해 파악할 수 없도록 할 책임이 있다. 더 많은 사항을 밝히기 위해서는 사적인 정보의 공개에 앞서 상담수혜자에게 알린다.

(5) 상담수혜자에 관한 정보를 교육 및 연구의 목적으로 사용할 경우에는 상담수혜자와 합의를 거쳐야 하며, 그의 정체가 전혀 노출되지 않도록 해야 한다.

4. 상담수혜자의 복지

(1) 상담자는 상담 활동의 과정에서 소속 기관 및 비전문인과의 갈등이 있을 경우, 상담수혜자의 복지를 우선적으로 고려하고 자신의 전문적 집단의 이익은 부차적인 것으로 간주한다.

(2) 상담수혜자에게 적절한 전문적인 도움을 주는 것이 어렵다고 판단되면 상담자는 상담관계를 시작하지 말아야 하며, 이미 시작된 상담관계인 경우는 즉시 종결하여야 한다. 이 경우 상담자는 상담수혜지에게 적절한 다른 대안을 제시해 주어야 한다.

(3) 상담자는 상담의 목적에 위배되지 않는 경우에 한하여 검사를 실시하거나 상담수혜자 이외의 관련 인물을 면접한다.

5. 상담관계

(1) 상담자는 상담수혜자와의 친밀한 관계를 인식하고, 상담수혜자에 대한 존중감을 유지하며 상담수혜자를 이용하여 상담자 개인의 필요를 충족하고자 하는 활동 및 행동을 해서는 안 된다.

(2) 상담자는 상담 전에 상담관계에 영향을 줄 수 있는 상담의 목표, 기술, 규칙, 한계 등에 관해서 상담수혜자에게 알려 주어야 한다.

(3) 상담자는 객관성과 전문적인 판단에 영향을 미칠 수 있는 이중 관계와 성적 관계를 피해야 한다. 특히 상담관계가 종결된 이후에도 최소 2년 내에는 상담수혜자와 성적 관계를 맺지 않는다.

출처: www.counselors.or.kr

따라서 찾아가는 상담자는 대상자나 그와 관련된 사람들로부터 성적인 유혹이나 폭력이 예견되는 장소 또는 시간대를 피하고, 불가피한 경우 혼자 방문하기보다는 팀이 방문하는 등 안전에 대한 대비책을 세워야 한다. 또한 현장방문 시 상담자는 가방 등에 소지한 대상자의 개인정보 파일이나 회기 기록 카드 등의 관리에 소홀함이 없도록 주의해야 한다. 만약 문제가 발생하면 혼자 해결하기보다는 소속 기관 차원에서 문제를 다루어야 한다.

상담자가 유의해야 할 윤리적인 상황은 각 학회에서 자세하게 규정하고 있다. 대표적으로 한국상담학회와 한국상담심리학회의 윤리규정을 참조하는 것이 도움될 것이다. 각 학회의 윤리규정 전문은 학회 홈페이지를 통해 확인할 수 있다.

한국상담심리학회 윤리강령 중 일부

4. 상담관계

나. 성적 관계

(1) 상담심리사는 내담자와 어떠한 종류이든 성적 관계는 피해야 한다.

(2) 상담심리사는 이전에 성적 관계를 가졌던 사람을 내담자로 받아들이지 않는다.

(3) 상담심리사는 상담관계가 종결된 이후 최소 2년 내에는 내담자와 성적 관계를 맺지 않는다. 상담 종결 이후 2년

이 지난 후에 내담자와 성적 관계를 맺게 되는 경우에도 상담심리사는 이 관계가 착취적인 특성이 없다는 것을 철저하게 검증해야 한다.

5. 정보의 보호

가. 사생활과 비밀보호

(1) 상담심리사는 사생활과 비밀유지에 대한 내담자의 권리를 최대한 존중해야 할 의무가 있다.

(2) 내담자의 사생활 보호에 대한 권리는 내담자나 내담자가 위임한 법적 대리인에 의해 유예될 수 있다.

(3) 상담심리사는 내담자의 사생활 침해를 최소화하기 위해서 문서 및 구두상의 보고나 자문 등에서 실제 의사소통된 정보만을 포함시킨다.

(4) 상담심리사는 고용인, 지도감독자, 사무보조원 그리고 자원봉사자들을 포함한 직원들에게도 내담자의 사생활과 비밀이 보호되도록 주지시켜야 한다.

출처: www.krcpa.or.kr

4) 창의적 태도: 대상자 및 주변 환경에 대한 유연한 대처 능력

찾아가는 상담자가 직면하는 상황은 상담실에서 대상자에 대한 정보를 파악한 후 상담 시간을 기다리면서 상담 계획을 수립할 수 있는 상황과는 다르다. 예측하지 못했던 다양한 변수들이 생기고, 또 현장에서 발견하게 되는 문제들을 해결하거나 해결책을 즉각적으로 제시하도록 요구받을 수 있다. 그러므로 찾아가는 상담자들은 다양한 문제들에 대해 상황에 적절한 통합적인 개입방법을 창의적으로 활용할 줄 알아야 한다. 그리고 위기상황에 유연하게 대처할 수 있는 적응능력이 필요하며, 그런 능력에는 낙관적이고 유머러스한 태도가 도움이 될 것이다.

5) 연계에 대한 지식: 지역사회에 대한 지식

찾아가는 상담자가 현장에서 문제를 해결하거나 그 방법을 제시하기 위해서는 지역사회에 대한 정보들을 꼭 알아두어야 한다.

CYS-Net (Community Youth Safety-Network)

CYS-Net은 2005년부터 국무총리실 산하 국가청소년위원회와 한국청소년상담원에서 추진하고 있는 위기청소년 연계 지원 전략이다. 2008년 이후에는 보건복지가족부에서 주무로 수행하고 있다. CYS-Net은 지역사회 청소년 사회안전망(Community Youth Safety-Network)의 약자다. CYS-Net은 지역사회 내의 활용 가능한 모든 인적, 물적 자원을 연계하여 위기청소년을 효과적으로 돕기 위한 청소년 지원 네트워크라고 할 수 있다. 이를 다르게 표현한다면, '지역사회의 모든 시민들과 기관, 단체가 서로 주체가 되어 위기청소년을 발견하고 구조하고 치료하는 데 참여함으로써 지역 내 청소년들이 건강한 민주시민으로 성장하도록 지원하기 위해 협력하는 연계망'이라고 정의할 수 있다.

찾아가는 상담전문가는 네트워크 전문가이어야 한다. 자신이 속한 지역의 다양한 정보를 확보하여 다른 전문가와 협력하고, 적재적소에 대상자를 연계하거나 의뢰할 수 있어야 한다.

2005년 이후에 정부 차원에서 추진하는 지역사회 청소년 사회안전망(CYS-Net)은 네트워크의 주요한 원천이 되어 가고 있다. 따라서 찾아가는 상담자는 혼자만의 힘으로 문제를 해결해 주거나, 한 번 맡겨진 대상자를 자신이 홀로 끝까지 책임지겠다는 의미 없는 고집을 버리고 지역사회의 다양한 전문가와 함께 협력하겠다는 태도를 가질 필요가 있다.

[그림 1]은 정부에서 전국의 청소년상담지원센터를 중심으로 추진하는 CYS-Net 연계망을 도식화한 것이다(안양시청소년지원센터, 2007). 앞서 언급했지만, 찾아가는 상담을 실행하기 위해서는 자기가 활동하는 지역 내에서 대상자를 돕기에 유용한 시설, 기관, 전문 인력 등 지역 자원에 대한 정보를 파악하고 있어야 한다. 지역 내 활용 가능한 자원을 아는 사람이 대상 청소년에게 적합한 서비스를 맞춤형으로 제공하는 모델

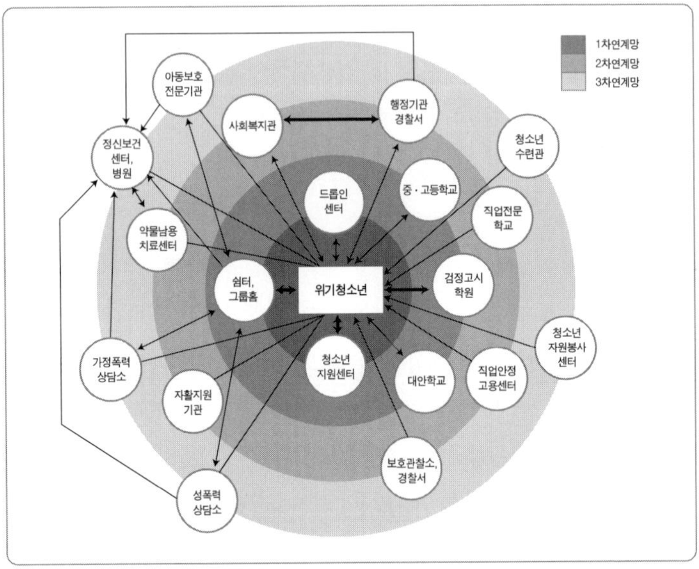

[그림 1] CYS-Net 연계망

을 형성할 수 있기 때문이다. CYS-Net과 같은 네트워크를 활용하는 것은 상담자가 혼자서 대상자를 치료하는 전통적인 개인상담의 틀을 벗어나서 대상자에게 맞춤형 서비스를 가능하게 해 주는 시스템을 이용하는 것이라 할 수 있다. 상담자가 이 시스템을 제대로 활용한다면 상담서비스의 양과 질은 크게 확산될 수 있다.

또한 향후 다양한 맥락에서 전문가들이 서로 협력하여 'team approach'를 시도하는 일이 증가할 것이다.

2 찾아가는 상담의 실제

찾아가는 상담은 현장에 어떤 형식으로 방문하느냐에 따라서 이동상담, 긴급 위기개입 상담, 지속적인 방문상담, 현장상담 시스템 구축 등의 활동으로 나누어 볼 수 있다.

이 용어들은 필자가 찾아가는 상담을 정리하면서 편의상 붙여 본 이름들이다. 훗날 용어의 정의에 대한 논의들이 진행된다면, 보다 명확한 명칭들이 사용될 것이라고 생각한다. 하지만 우선은 이 용어들을 사용하고자 한다. 이러한 경우처럼 특정 용어를 사용하지는 않았으나 찾아가는 상담의 종류를 언급한 경우가 있어 잠깐 소개하고자 한다. 김계현, 김동일, 김병석, 김영석, 김원중, 김칭대 등(1999)은 찾아가는 세 가지 방식을 다음과 같이 제안했다(p. 722).

① 지역사회의 중·고등학교를 정기적으로 방문하여 학교 상담교사의 협조하에 카운슬링이 필요한 학생을 대상으

로 개인상담이나 집단상담을 실시하는 방안

② 단기간에 기초적인 상담훈련을 받은 상담전공 대학원생 및 학부 고학년생이 학교를 방문하여 상담교사와 상담 관련 교수의 지도하에 문제학생의 '형-누나 되기 프로그램(Big-brothers and Big-sisters)'에 참여하는 방안

③ 다양한 배경을 가진 전문가 4~5명이 문제가 있는 가정을 방문하여 집중적으로 상담하는 방안

김계현 등(1999)이 제안한 찾아가는 상담의 형태가 이후 어떻게 연구나 현장에 적용되었는지는 확인되지 않았으나 우리나라에서는 상당히 선구적인 안목임에 틀림없다고 생각한다.

이 책에서는 이동상담을 아웃리치를 통해 살펴보고, 긴급위기개입 상담을 긴급구조라는 방법을 토대로 기술하고자 한다. 그리고 지속적인 방문상담으로서 찾아가는 상담전문가인 청소년동반자를 소개하고, 현장상담 시스템의 하나로 또래상담에 대해 소개하고자 한다.

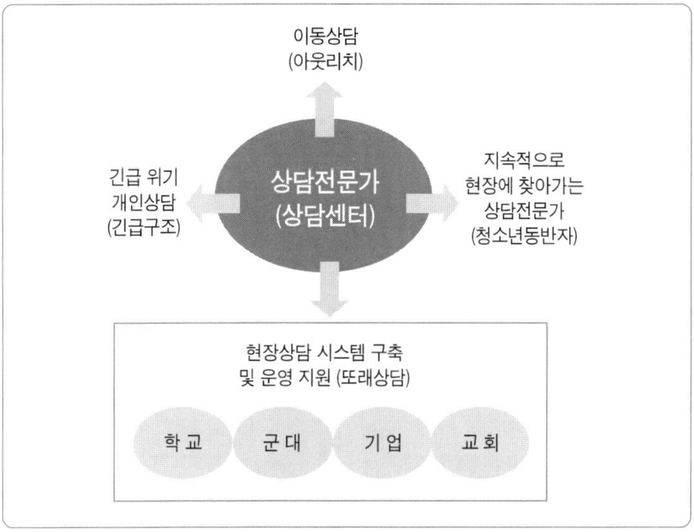

[그림 2] 찾아가는 상담

1. 찾아가는 상담의 과정

찾아가는 상담의 과정은 여타의 상담 이론처럼 정형화되어 있지 않다. 이것은 찾아가는 상담이 어떤 이론적 틀이나 경험적 연구결과에 토대를 둘 만큼 탐구되거나, 오랜 시행 역사를 가진 것이 아니기 때문일 것이다. 그러므로 여기서는 찾아가는 상담을 현장에서 실행하는 것에 초점을 두고 과정을 설명하고자 한다. 찾아가는 상담은 우선 대상자 선정에서 시작되며, 대상자를 평가하고, 개입전략을 구상한 뒤, 첫 방문상담부터 개입의 단계를 거쳐 평가와 종결의 순서로 진행된다.

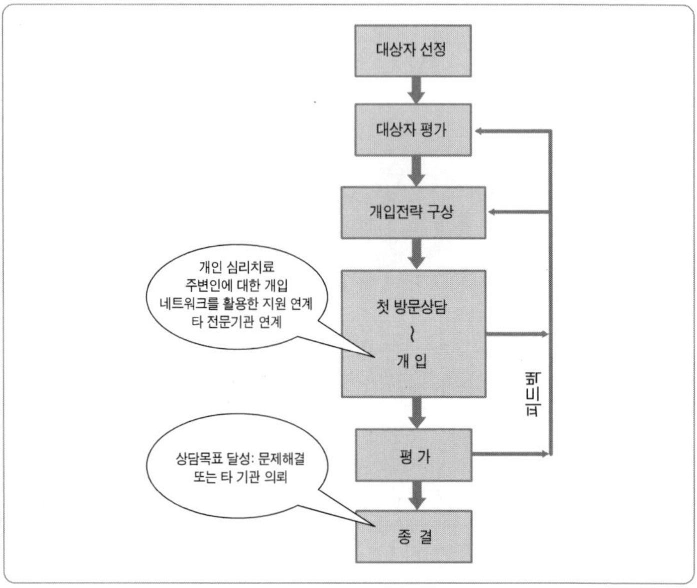

[그림 3] 찾아가는 상담의 과정

1) 기관 지침 마련하기

찾아가는 상담을 계획하고 실행하기에 앞서 상담기관 차원에서의 지침을 마련하는 것이 필요하다. 찾아가는 상담을 실시하고자 하는 의도를 가지고 있다면, 누가, 어디로, 어떻게, 누구를 찾아갈 것인지를 명확하게 규정하는 것이 도움이 되기 때문이다. 이런 지침은 찾아가는 상담 활동이 전문적인 목표 지향적 상담 활동이 되게 하여 대상자에게 유익할 뿐만 아니라, 상담자와 대상자를 보호하고 기관의 구성원들이 혼란 없이 업무를 수행하도록 할 수 있다.

상담기관의 지침에는 다음과 같은 내용이 포함되는 것이 좋다.

(1) 기관 차원에서 어떤 형태의 찾아가는 상담프로그램을 운영할 것인가

찾아가는 상담의 여러 형태 중 기관에 적합한 유형을 미리 고려하여 준비하면 더 없이 좋을 것이다. 기관에 적합한 유형이란 기관의 설립 목적, 기관의 위치, 기관이 보유한 인력과 시설, 직원들의 전문 분야, 지역사회의 상황 등을 고려하고 고객의 요구와 기관의 현실을 고려한 것이어야 한다. 지나친 욕심은 홍보만 앞세울 뿐, 정작 찾아가는 상담서비스를 제공하지 못하는 결과를 초래할 수 있기 때문이다.

(2) 어떤 사례를 찾아가는 상담의 대상으로 할 것인가

찾아가는 상담을 실시한다고 모든 대상자를 다 찾아갈 수는 없다. 기관이 충분한 인력을 확보하여 의뢰되는 대상자를 현장으로 찾아갈 수 있다면 가능하겠지만, 현실은 그렇지 못하다. 또 다른 관점에서 보면, '찾아와서 상담을 받고자 하는' 고객까지도 다 찾아가겠다고 고집을 부릴 수도 없는 것이다. 따라서 찾아가는 상담의 대상은 국한될 수밖에 없다. 이때 누구를 찾아가는 상담의 대상으로 할 것인가 하는 것은 기관의 지침에 의존하게 된다. 예를 들어, 자살을 예고하는 대상자를 애초에 가정방문하여 상담을 시작하고, 그곳에서 회기를 진행하다 종결한다든지, 어떤 대상자를 내방상담으로 진행하다가 대상자가 가출하거나 상담을 거부하여 상담실에 나타나지 않는데 그냥 방치할 수 없다고 판단되는 경우 회기 진행의 한 방법으로 찾아가서 상담하도록 한다든지 하는 내용을 미리 정해놓는 것이 도움이 된다.

(3) 누가 찾아갈 것인가

모든 상담자는 필요에 따라 대상자를 방문하여 만날 수 있다. 그러나 기관에 소속된 상담자는 기관의 지침에 근거하여 대상자를 찾아가야 한다. 기관에서는 찾아가는 상담을 수행하는 전문가를 별도로 채용할 수도 있고, 시간제로 고용할 수도 있다. 그러나 찾아가는 상담을 전문적으로 수행하는 사람이 아니더라도 찾아가는 상담을 수행해야 하는 경우가 있는데, 이에 대한 근거가 지침으로 마련되어 있는 것이 좋다. 이것은 상담자의 출장 처리나, 근무 중 자리이탈 등의 행정적 문제와 현실적으로 관련이 깊기 때문에 소홀히 해서는 안 된다.

(4) 어디에서 대상자를 만날 것인가

찾아가는 상담에서 지침이 가장 필요한 부분 중 하나가 찾아가는 장소에 관한 것이다. 어디로 찾아갈 것인가 하는 문제는 대상자의 이득과 상담자 보호와 관계가 깊다. 가장 빈번한 장소가 대상자의 집이고, 그 외에 학교나 시설 등의 기관, 거리, 공원이나 지하철역 또는 터미널 등의 승객 대기실, 패스트

푸드점, 교회나 성당 등이다. 찾아가서 대상자를 만나는 장소는 대상자의 여건이나 상담자의 특성에 따라 잘 고려되어야 한다. 다음과 같이 내용을 정해 둘 수 있다. 기관의 특성 및 지역의 특성에 따라 지침의 내용은 더 보강되어야 할 것이다. 몇 가지 예를 제시하면 다음과 같다.

〈가정방문 시〉

- 사전에 대상자 및 대상자의 보호자와 약속 시간을 정하고 방문한다.
- 대상자에 대한 종합 평가가 이루어졌더라도 방문 초기에는 2인 이상이 함께 방문하도록 한다.
- 상담자는 단정한 복장을 하고 친절한 태도로 대상자를 만난다.
- 대상자의 보호자와 관련인에 대해 정확히 파악하여 면담 대상을 정한다.
- 대상자의 보호자가 알코올중독 또는 가정폭력을 행사할 경우 대상자와 대상자의 또 다른 가족구성원과 협의하여 지역정신보건센터, 아동보호전문기관, 가정폭력상담소 등 적합한 기관과 연계하여 개입하는 것 등을 고려한다.
- 상담자는 대상자의 심리적 특성에서 비롯되는 대인관계 패턴 등을 잘 이해하여 대상자에게 결과적으로 불이익이 초래되는 태도를 보이지 않는다.
- 대상자 또는 대상자와 관계된 인물들과 성적 관계나 금전관계 등 부적절한 관계를 맺지 않는다.

- 상담자는 대상자로부터 성적, 폭력적 행동을 유발하는 행위를 하지 않는다.
- 찾아가는 상담 회기를 마친 후 그 결과를 기관의 상급자에게 보고한다.

〈학교, 보육원, 공부방 등 기관 방문 시〉

- 대상자가 소속된 학교나 기관 방문 시 사전에 대상자와 협의한다.
- 학교나 기관에서 대상자를 지도하는 교사 또는 지도자 등과 일시, 상담장소 등에 대해 사전에 협의한다.
- 방문 시 대상자에게 불이익이 되는 행동을 하지 않는다. 즉, 대상자가 상담 중이라는 사실을 공공연하게 알리거나 기관의 고유 시간(수업, 식사 등)에 대상자를 지목하여 불러내는 등의 행동을 하지 않는다.
- 기관에서 대상자를 상담하고자 계획할 때, 기관의 고유 활동을 침범하지 않도록 고려한다. 기관은 상담하는 것을 본래 목적으로 하지 않기 때문에 차후 방문이 어려워질 수 있으며, 상담 활동이 중단되는 상황이 초래될 수 있음을 기억해야 한다.
- 개인을 대상으로 하지 않고, 기관에 임시상담실 운영, 집단프로그램 개설, 특별교육프로그램 운영 등으로 상담을 실시하고자 할 때는 기관의 관계자와 충분히 협의하고 진행하여야 한다.
- 기관으로 찾아가는 서비스를 제공한 후 그 결과를 상급자에게 보고한다.

(5) 어떤 서비스를 기관에서 제공해 줄 것인가

기관에서 제공해 줄 수 있는 서비스의 정도는 찾아가는 상담의 한계에 영향을 미친다. 모든 서비스를 다 제공해 줄 수 있다면 이상적이겠지만, 현실적으로는 기관의 특성이나 제반 여건 때문에 서비스 제공에 한계가 있을 수밖에 없다.

그러므로 기관 차원에서 찾아가는 상담전문가를 위시한 직원들에게 현장에서 지원할 수 있는 서비스의 유형에 대해 명확한 예비 교육을 실시해야 한다.

기관에서 제공하는 서비스 유형을 명확하게 정의한 후에 추가로 필요한 서비스에 대해서는 지역 내의 다양한 기관들과 연계하여 해결할 수 있다. 지역 내 기관 및 단체들과 연계하면 소속 기관이 지닌 한계를 극복할 뿐 아니라, 지역 전문가들이 정신건강 문제해결에 참여하게 할 수 있다. 보건복지가족부 산하 한국청소년상담원에서는 청소년 상담과 지원에 참여하는 자발적 조직을 1388청소년지원단이라는 이름으로 운영하고 있다(김호정, 노성덕, 전연진, 2007).

〈표 2〉는 기초자치단체 청소년지원센터에서 구축한 1388청소년지원단 조직이다. 이 표에 따르면, 기초자치단체 수준의 지역에서 청소년 상담을 위해 연계한 기관과 단체가 상당히 많음을 알 수 있고, 다양한 지원을 제공할 기반이 갖추어져 있음을 엿볼 수 있다(안양시청소년지원센터, 2007).

〈표 2〉 지역사회 1388청소년지원단 조직

체 제	기 능	대표적인 기관, 단체 및 개인
발견 체제	조기 발견	• 학교, 지구대, 각 기관 당직실, 약국 등 • 청소년 이용 시설 및 기관 실무자 등 • 청소년 이용업소: PC방, 만화방, 오락실, 편의점, 찜질방, 주유소 등 • 상가연합회, 상가번영회, 상인연합회 등
	조기 발굴	• 시청 재난안전과, 사회복지과, 여성과, 체육청소년과, 유해환경감시단, 동사무소 사회복지 담당 등 • 소방서
	긴급구조	• 112순찰차량, 119구급차량, 개인택시연합회 등
진단 체제	진단 및 평가	• 청소년지원센터, 정신보건센터, 복지관상담실, 수련관상담실, 민간상담기관, 쉼터 상담실, 각 대학 상담·사회복지 전공 교수, 정신과 전문의 등
서비스 체제	의료 지원	• 의사회, 치과의사회, 약사회, 관내 종합병원, 의원, 약국 등
	법률 지원	• 법률사무소, 법무사사무소 등
	임시생활 지원	• 쉼터, 그룹홈 등
	학업 지원	• 교육청, 학교, 공부방, 방과후 아카데미, 학원, 도서관, 대안학교 등
	진로 및 취업 지원	• 고용지원센터, 교육청, 직업전문학교, 여성인력개발센터 등
	수련활동 지원	• 문화회관, 예절교육관, 수련관, 문화의집, 청소년단체, 시민단체 등
	봉사활동 지원	• 복지관, 자원봉사센터 등

2) 찾아가는 상담 계획하기

홍보 차원이나 지역사회에 대한 정기적인 순찰 등의 활동이 아닌 이상, 찾아가는 상담은 대상자를 명확하게 하여 '그(녀)를 찾아가는 활동'으로 전개될 필요가 있다. 명확하지 않은 대상자를 무작위로 찾아다닐 수는 없기 때문이다. 그러므로 찾아가는 상담의 대상을 선정하고, 찾아가는 상담의 대상으로 적합한지를 평가한 후 적합한 개입전략을 사전에 구상하는 것이 필요하다.

(1) 대상자 발견

찾아가는 상담의 대상을 선정하는 일은 기관이 활용하는 지역사회 네트워크와 관계가 깊다. 대체로 찾아가는 상담의 대상은 긴급전화 또는 상담전화를 통해 의뢰되는 방법으로 접촉된다. 현재 우리나라의 경우는 널리 알려진 상담전화가 대상자를 의뢰받는 중요한 도구로 활용되고 있는 듯하다. 예를 들면, 청소년상담지원센터에서는 전국 어디에서나 헬프콜 청소년전화 1388로 대상자를 의뢰받는다. 대학의 학생생활연구소 등에서는 찾아가는 상담이 정례화되어 있지 못하지만, 의뢰자가 학생생활연구소의 상담전화나 행정전화를 통해 도움을 요청할 수도 있다. 전화로의 초기 접촉은 마치 긴급상황에서 119를 이용하는 경우와 흡사하다.

긴급전화 또는 상담전화를 이용하는 사람은 상담 대상자 본인일 수도 있으나, 상담 대상자의 가족이나 친척, 친구, 직장동료, 청소년의 경우는 학교 교사 또는 청소년 시설의 지도자일 수 있다. 대체로 가족이나 주변 사람들이 의뢰하는 경우가 더 많다. 상담전화를 통해 접수된 대상자의 상태가 시급할 경우 곧바로 출동해서 긴급구조를 할 수도 있다(이 내용은 다음 절에서 좀 더 상세하게 다룰 것이다.). 정리하면 다음과 같이 대상자가 접촉될 수 있다.

① 상담전화를 통해 대상자 본인이 요청
② 대상자의 가족이나 동료 또는 교사, 경찰, 주민 등이 의뢰
③ 아웃리치, 홍보 활동 중 발견
④ 내방상담 중 찾아가는 상담 대상으로 발굴

⑵ 찾아가는 상담 대상자 평가 및 선정

보통 내방상담에서 상담 대상자가 의뢰되면 의뢰 자료 및 전화나 초기 면접을 통해 얻은 자료를 토대로 1차적인 평가가 이루어진다. 찾아가는 상담의 대상자에 대해서도 비록 충분한 자료는 아닐지라도 찾아가는 상담서비스를 제공하기 전에 1차적인 평가가 이루어져야 한다. 1차적인 평가의 목적 가운데 한 가지는 찾아가는 상담 대상으로 적합한지를 확인하는 것이다. 대상자가 원한다고 해서 상담기관의 상담자들이 모두를 다 찾아갈 수는 없다. 훗날 많은 인력이 보강되거나, 찾아가서 상담해 주는 것만을 서비스 제공 방법으로 삼는 상담기관이 출현하거나, 국가가 정책적으로 찾아가는 상담전문가만을 양성하여 파견하는 특수 시책을 시행한다면 적어도 기관에 의뢰되는 대상자 중에 찾아와 달라고 요청하는 사람들의 요구를 상당히 충족시켜 줄 수 있을 것이다. 물론 이것도 기관에서 '정말 대상자에게 도움이 되는 전략인가?'를 평가해야 한다는 것을 전제로 하는 것이다. 상담기관에서 찾아가는 대상이 아

닌 사람으로부터 긴급구조나, 현장방문상담 등을 요청받으면, 친절하게 소속 상담기관의 방침을 설명해 주고 대상자가 도움을 받을 수 있는 기관을 안내해 주어야 한다. 예를 들어, 정신지체장애를 가진 대상자의 경우는 장애인복지관이나 지방자치단체의 사회복지 담당 공무원에게 연계해 준다. 물론 사안이 급하다고 여겨질 경우, 지역사회 특성과 상담기관의 방침을 고려하여 먼저 위기개입한 후 관련 기관에 연계해 줄 수도 있다.

(3) 개입 계획

찾아가는 상담의 대상자가 선정되면 개입 계획이 필요하다. 이 과정에는 언제, 어디서 대상자를 만날 것인지, 초기 만남에 누구를 참여시킬 것인지를 정하는 것이 포함되어야 한다.

효과적인 개입을 위해서는 필요한 정보를 대상자 및 관련 인물로부터 사전에 충분히 습득하여야 한다. 사전에 확보한 지식을 토대로 초기 사례개념화를 시도하고 효율적이면서도 효과적인 개입 계획을 구성하여 대상자를 만나야 한다.

3) 찾아가는 상담의 실시

대상자를 현장에 찾아가서 만나면 상황에 따라 다양한 개입을 실행해야 한다. 내방상담에서와 달리 현장에 찾아가는 상담은 상담센터 등의 기관으로 사례를 의뢰해 주는 것을 포함하여 현장에서 즉각적으로 개입하고 문제를 해결할 수 있는 방안 등을 제공해 줄 수 있어야 한다. Lewis, Lewis, Daniels, & D'Andrea(2003)는 현장에 개입할 때 유념해야 할 사항들을 다음과 같이 제시하고 있다.

첫째, 대상자를 지지할 수 있는 가능한 모든 자원들을 활용해야 한다. 자원에는 대상자의 가족, 친척, 친구, 동료, 교인, 상담자들 그리고 성공적인 위기 극복의 역할 모델을 제공할 수 있는 어떤 사람이라도 포함될 수 있다. 이들과 협력하여 대상자를 현장에서 즉각적으로 도울 수 있어야 한다.

둘째, 대상자가 스스로의 문제를 극복해 내거나 해결해 낼 수 있는 기회를 주는 것을 잊지 말아야 한다. 만약 대상자가 자신의 문제가 아니라, 자기가 현재 위기에 처해 있음에도 불구하고 다른 누군가를 도울 수 있는 기회를 가질 수 있다면 그것 또한 자신에게도 도움이 될 수 있다.

셋째, 대상자가 직면한 상황들의 본질에 관한 정보를 주는 것도 도움이 된다. 만약 새로운 역할이나 태도를 가질 수 있는 여지가 있다면 그와 관련된 도움도 제공해 주어야 한다.

넷째, 대상자가 현재 직면한 문제상황을 효과적으로 다루기를 원한다면 대처 기술을 가르쳐 주는 것도 좋다.

다섯째, 대상자가 자신의 상황이나 삶을 통제할 수 있다는 확신을 가질 수 있도록 도울 수 있는 방법이 있다면, 그 방법을 사용하라.

성폭력이나 가정폭력, 자살, 가출 등 각 현안 문제별 개입에 대해서는 다음 장에서 다룰 것이다. 찾아가는 상담을 실행한 과정에 대한 모든 정보는 반드시 자료화하여 보관되어야 한다. 이 자료는 공문, 방문계획(안), 회기기록, 서비스 제공 내역 등의 문서들과 녹음 테이프 파일, 녹화 테이프 파일 등의 자료 그리고 각종 영수증 등의 형태일 수 있다. 이 모든 자료를 소속기관에 제출해야 하고, 이 자료들은 기관의 규정에 따라 관리되어야 한다는 것을 기억해야 한다.

4) 개입에 대한 평가 및 종결

찾아가는 상담목표가 달성되었는지 평가한 후 종결한다. 모든 상담에서는 대체로 상담 종결 후에 추후 만남을 가지는 것을 권장하고 있는데, 찾아가는 상담에서는 이 점에 특히 더 강조점을 두어야 한다. 찾아가는 상담의 대상자들은 대개 위기를 경험하는 상태인 경우가 많기 때문에 위기 종료 후 또는 목표 달성 후 성급하거나 잘 준비되지 않은 종결은 대상자에게 위기를 재경험하게 할 수 있기 때문이다. 그러므로 찾아가는 상담에서는 계획 단계와 개입 단계 못지않게 종결 단계에 대해서도 준비해야 한다. 정기적인 만남이 진행된 사례인 경우는 대상자에게 충분한 시간을 두고 종결을 준비하도록 도와야 하며, 종결에 따른 감정과 태도의 변화를 잘 다루어 주어야 한다. 그리고 종결 후 추후 만남을 계획하여 개입의 효과가 지속되는지 등의 여부를 확인해야 한다.

2. 이동상담: 아웃리치

아웃리치 현장방문 팀으로 참여하던 상담자가 PC방 입구 계단에 서 있는 영수에게 말을 건넸다.

엄마와 둘이 살고 있는 18세 영수는 고등학교 1학년 때 학교를 그만두었다. 힘들게 벌어 자기를 가르치려는 엄마가 불쌍하기도 하고, 나름대로 시간을 투자해 봐도 하위권을 벗어나지 못하는 자신에게 화가 치밀어 오르기도 하고, 돈을 벌어 일찍 자립하고 싶은 마음도 있어 엄마의 결사적인 반대를 무릅쓰고 학교를 그만두었다. 그러나 학교를 떠나서 구할 수 있는 일은 아르바이트밖에 없었다. 그나마 대학생 형 · 누나들이 웬만한 아르바이트 자리는 모두 차지하고 있어서 자리를 구하기도 힘들었다.

몇 번 아르바이트를 구하기는 했지만, 학교를 그만두었다고 사장이 잔소리를 하거나 무시하는 듯한 태도를 보일 때가 많았다. 영수는 적은 수입과 사장이나 동료들의 태도가 싫어 아르바이트를 그만두고 다시 찾는 일을 반복하면서 1년 남짓의 시간을 보냈다. PC방 아르바이트를 다시 구하려고 알아보던 중에 상담자를 만나게 된 것이다.

이야기를 나눈 후에 상담자는 지역 청소년상담기관을 영수에게 소개해 주었고, 영수는 그곳을 통해 자신에게 맞는 자격을 취득할 수 있는 직업전문학교를 다니게 되었다. 그리고 창업을 체험할 수 있는 자활프로그램에 참여하여 자신의 꿈을 구체적으로 계획하는 기회를 가지기도 했다. 영수는 지금 상담기관에서 자활프로그램 운영을 보조하는 아르바이트를 하면서 직업전문학교에서 자격증 취득을 위해 공부하고 있다.

1) 아웃리치의 의미

아웃리치는 대상자들이 많이 유입되는 장소를 정하여 그 현장에 상담 공간 등을 마련하고 서비스를 제공하는 일종의 이동상담이다. Lewis 등(2003)은 아웃리치를 '상담자가 자기의 사무실을 떠나서, 대상자가 있는 가정, 학교, 교회, 지역사회, 직장 등을 직접 방문하여 대상자가 위기를 극복하도록 돕기 위해 상담하는 것'이라고 정의하고 있다. 특히 심각한 문제나 위기상황에 노출된 경우는 상담자가 아웃리치를 통해 대상자를 지원할 수 있음을 강조하고 있다. 결국 아웃리치를 '상담자가 현장에 이동해서 상담 서비스를 제공하는 것'이라고 정의한 것이라 볼 수 있겠다. 실제로 이동상담은 상담기관 홍보, 지역사회에서 쟁점이 되는 문제들의 심각성과 상담의 필요성을 부각시키고 알리기, 문제에 대한 예방 활동, 현장에서의 긴급한 상담지원 등의 목적을 가진다.

이동상담으로서의 아웃리치는 현재 청소년 상담 및 보호 영역에서만 활용되고 있다. 앞 문단에서 언급한 목적들을 동시에 달성하고자 하는 의도가 아웃리치 활동에 담겨 있으나, 이 가운데 캠페인만을 전개할 경우 그것을 아웃리치라고 하지는 않는다. 아웃리치의 언어적 의미만으로 본다면 현장에 직접 찾아가는 활동들이 모두 아웃리치일 수 있다. 이를테면, '자동차 현장점검 서비스'나, 노숙인들이 많이 모여 있는 역 또는 공원에서의 무료급식 등의 활동이 모두 아웃리치일 수 있다.

경우에 따라서는 은행이나 기업 등에서 전개하는 홍보 활동이나 캠페인들도 아웃리치라고 할 수 있을 것이다. 그러나 이것은 단어의 의미상 그런 것이지, 현재 우리나라에서는 그와 같은 활동을 아웃리치라고 하지는 않는다. 우리나라에서 아웃리치라는 용어는 대체로 청소년상담기관이나 쉼터 등에서 이동상담의 일종으로 사용하고 있다. 따라서 이 절에서는 아웃리치를 청소년 상담 및 보호 활동에 국한하여 설명하고자 한다.

2) 아웃리치 준비

아웃리치를 실행하기 위해서는 다음과 같은 사항들을 사전에 점검하여야 한다.

첫째, 아웃리치 장소를 잘 선정하여야 한다. 아웃리치를 실시하기 위해서는 지역사회에서 청소년들이 가장 많이 이용하거나 또는 가장 많이 유입되는 특정 지역이 어디인지를 알아야 한다. 그리고 청소년들이 가장 많이 머무르는 시간대에 대한 정보도 필요하다. 아웃리치 실행 전에 대상 지역에 대해 사전 조사를 철저히 하고, 여러 번 답사하여 상황을 파악해 두는 것이 좋다.

둘째, 밀집 지역 내 청소년의 특성에 대한 사전 조사가 필요하다. 유입되는 청소년들이 가출 성향이 높은지, 성매매 청소년은 없는지, 비행청소년 그룹이 거점으로 삼고 있지는 않은지를 알아야 한다. 그러면 대상 청소년의 욕구와 서비스 내용을 어느 정도 맞추어 준비할 수 있고, 어떤 전문가들이 협력해야 하는지도 사전에 기획할 수 있다.

셋째, 유관 행정기관 및 지역단체와 사전에 조율하는 것이 필요하다. 청소년 밀집 지역에는 다른 전문가들도 활동하고 있다. 이들과 사전에 협의하지 않으면 효율적으로 일하기 어렵다. 우선 인근 경찰지구대 및 소방파출소와 협의하는 것이 필요하다. 경찰지구대와 사전 협의하면 이동상담소 설치 장소나 활동하는 상담자들의 안전문제, 그리고 긴급한 상황 발생 시 협조를 쉽게 얻을 수 있다. 소방파출소의 경우, 응급 상황 발생 시 도움을 요청하기 용이하며, 경우에 따라서는 119차량을 지원받을 수도 있다. 밀집 지역 상인연합회 또는 상가번영회 등과도 사전에 협의하는 것이 필요하며, 청소년들이 주로 이용하는 PC방, 노래방, 편의점 등의 지역연합회와도 협조를 구해 놓는 것이 좋다.

넷째, 아웃리치에서 활용될 물품들이 잘 준비되었는지 점검해야 한다. 아웃리치를 통해 배포할 홍보지와 간단한 기념품(사탕, 데코 밴드, 접착 메모지, 볼펜 등), 약품(비상약품, 생리대 등), 먹거리(빵, 컵라면, 뜨거운 물), 현장 심리검사 용품들, 이동상담본부 설치 시설물들(천막, 현수막, 책걸상, 전기시설, 음료대, 홍보물 전시대 등), 아웃리치 실행 서류들(활동 기록지, 위기청소년 의뢰 양식 등)에 대한 철저한 점검이 있어야 한다. 이러한 물품 중 일부는 지역사회의 다른 기관이나 단체를 통해 기증받을 수도 있다.

다섯째, 아웃리치에 참여할 사람들에 대한 교육이 필요하다. 아웃리치를 준비하다 보면 기관의 전문가뿐만 아니라, 전공 대학원생과 대학생들이 참여하거나 지역사회의 다른 기관 전문가들, 자원봉사자들, 경찰 또는 교육청 관계자들이 함께 하는 경우가 많다(Lewis & Lewis, 1983). 따라서 아웃리치 실행 전에 여러 번의 사전 모임이 필요하며, 기관에서 아웃리치를 통해 하고자 하는 일들이 명확하게 공유되어야 한다. 윤현영, 김지혜, 황동아, 김경아, 권선중, 장민수 등(2006)은 아웃리치 참여 실무자들의 자기점검을 돕는 체크리스트를 다음과 같이 소개했다.

아웃리치 참여 실무자의 자기점검(윤현영 등, 2006)

- 기관 특성과 한계를 잘 알고 있는가?
- 아웃리치의 목적에 대해 잘 알고 있는가?
- 청소년이 생활하는 환경을 충분히 이해하고 있는가?
- 청소년의 문화와 언어를 이해하고 있는가?
- 청소년이 어떤 태도와 행동을 보이더라도 수용할 마음의 준비가 되어 있는가?
- 실무자가 권위와 예의를 갖추기에 앞서 우선 청소년과 대화할 준비가 되어 있는가?
- 청소년의 강점을 발견하는 능력을 갖추었는가?
- 청소년의 가능성을 믿고 있는가?

- 청소년 욕구의 단계적 속성에 따른 우선순위를 알고 있는가?
- 청소년이 말하는 서비스 욕구를 경청할 준비가 되어 있는가?
- 청소년에게 지나치게 많은 것을 요구하거나 기대하고 있지 않은가?
- 변화가 오래 걸리더라도 변함없이 기다릴 마음의 준비가 되어 있는가?
- 청소년이 요구할 때 서비스를 제공할 수 있도록 지식을 갖추고 훈련되어 있는가?

참가자들은 이러한 사항을 충분히 검토하고, 여러 상황에 대해 대비할 수 있는 지식과 방법을 습득하도록 해야 한다. 아웃리치에 참여하는 사람들을 위해 아웃리치의 의미와 필요성, 아웃리치 활동의 내용, 주의사항 등이 포함된 활동 지침 등을 마련하여 제공하는 것이 좋다.

3) 아웃리치 실행

(1) 본부 설치

아웃리치를 실시하기에 앞서 이동상담소(아웃리치 본부)를 둘 장소에 현수막을 먼저 설치하여 홍보하는 것부터 아웃리치 활동이 시작된다고 볼 수 있다. 그러고 나서 그 장소에 이동상담소를 설치해야 한다. 앞서 언급했지만, 이동상담소 설치는 사전에 해당 관청이나 지역 상인연합회와 협의한다. 이동상담소는 밀집 지역에서도 청소년 유동이 많은 거점지역에 설치되어야 하고, 비교적 밝은 조명과 넓은 공간, 신속한 이동을 위해 도로 등에 인접해 있는 곳이 좋다.

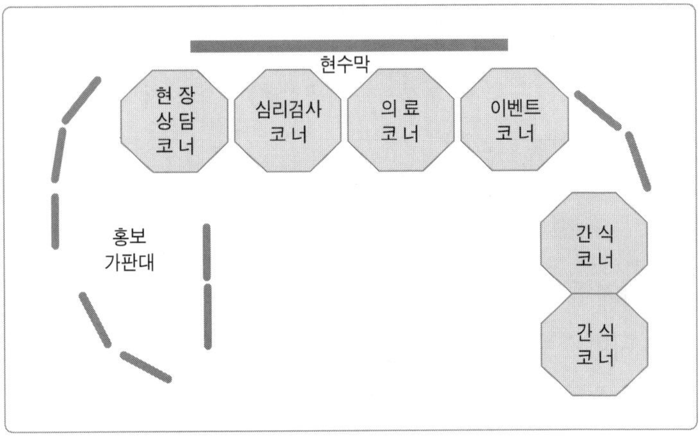

[그림 4] 아웃리치 본부 배치도의 예

이동상담소는 상담기관에서 아웃리치를 어떤 목적과 어느 정도 규모로 실시하고자 하는가에 따라 설치 규모가 매우 다양할 것이다. 여러 개의 천막이 설치될 수도 있지만, 간이 의자만으로 구성할 수도 있을 것이다. 여기서는 비교적 큰 규모로 설명하고자 한다. 만약 밀집 지역 상인연합회나 백화점 또는 관공서와 협의가 잘 진행되어 좋은 장소를 거점으로 제공받을 수 있다면 천막 등의 준비물 없이도 이동상담소를 쉽게 설치할 수 있을 것이다. 이동상담소는 '현장상담 코너' '간식 코너'

'심리검사 코너' '이벤트 코너' 및 '의료 코너'로 꾸밀 수 있다.

'현장상담 코너'와 '심리검사 코너'는 현장에서 상담을 요청하는 대상자에게 상담이나 심리검사를 제공하는 장소로 사용한다. '이벤트 코너'는 현장에서 청소년과 소통하기 위한 코너로, '간단한 참여활동' '성지식 평가하기' '마술배우기' '다트게임' 등을 마련하여 청소년이 이용하도록 할 수 있다. 여기에는 창의적인 아이디어들이 많이 적용될 수 있다. '간식 코너'에서는 컵라면이나 빵, 가능한 경우는 밥이나 김치 등 간단한 식사를 제공한다. '의료 코너'는 비상약을 제공하거나 긴급구조된 청소년에게 임시 약품을 제공해 주는 장소로 사용한다. 그리고 이동상담소 주변에는 청소년 상담기관에 대한 정보나 상담과정 소개 전시판, 지역 내 다양한 청소년 기관 및 단체들을 홍보하는 전시판들을 세워 둘 수 있다. 또한 센터 차량이나,

〈표 3〉 아웃리치 활동조 편성의 예

조편성	시간대별 활동 내용		
	18:00~20:00	20:00~22:00	22:00~23:30
A조	본부 업무	남쪽 지역 방문	동쪽 지역 방문
B조	본부 업무	북쪽 지역 방문	서쪽 지역 방문
C조	동쪽 지역 방문	본부 업무	남쪽 지역 방문
D조	서쪽 지역 방문	본부 업무	북쪽 지역 방문
E조	남쪽 지역 방문	동쪽 지역 방문	본부 업무
F조	북쪽 지역 방문	서쪽 지역 방문	본부 업무
긴급대기조	• 청소년 긴급구조 및 일시보호소, 쉼터, 병원 등에 연계 • 필요 시 경찰, 119 등과 연계		

가능하면 119구급차량 등을 이동상담소 인근에 두어 긴급한 청소년을 구조하거나 일시보호소 또는 쉼터 등으로 연계하는 활동을 지원하도록 할 수 있다.

(2) 아웃리치 활동

아웃리치 실행은 6개조와 긴급대기조로 편성하여 역할을 수행하도록 할 수 있는데, 본부 업무, 동서남북 지역방문 업무, 긴급대기 업무 등으로 나누어 교대로 수행하도록 한다. 본부에서는 현장상담, 심리검사, 이벤트 운영, 먹을거리 및 약품 제공하기, 문의자들에게 사업이나 지역기관 등을 안내하고 설명하기 등의 업무를 맡는다. 지역방문 업무는 이동상담소를 중심으로 동서남북으로 나누어 일정 지역까지 골목과 청소년 주요 이용 시설 등을 방문하여 청소년들을 만나 홍보물과 기념품 배포하기, 고민 들어주기, 현장에서 문제해결 자문해 주기, 본부로 안내하기, 위기청소년 발견 시 긴급대기조에 연계하기 등의 활동을 한다.

아웃리치 중 위기청소년을 발견하면 먼저 접근하여 접촉하면서 상황을 평가하고 직접 위기개입을 실시하거나 본부로 안내하여 필요한 지원을 받도록 해야 한다.

그런데 실제로 청소년들을 만나는 과정에서 아웃리치 경험이 부족한 사람들은 어떤 태도로 무슨 말부터 해야 하는지 당황할 수도 있다. 그러므로 앞에서 언급한 것처럼 활동에 참여하는 사람들에게 필요한 지침이나 조언 등을 제공하는 것이 필요

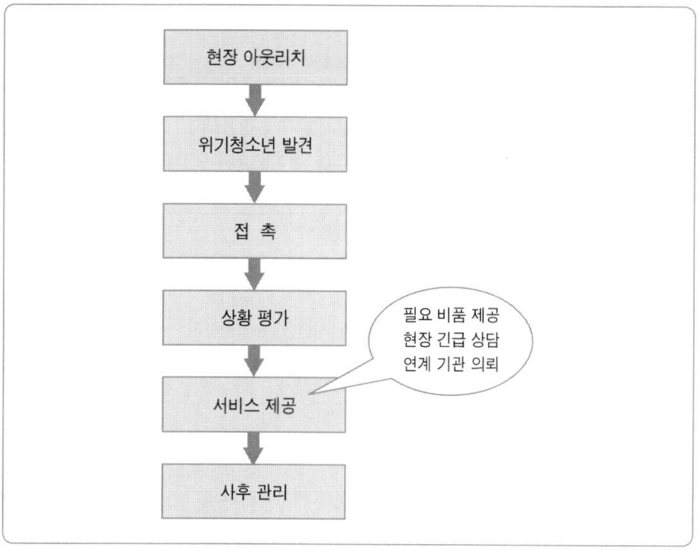

[그림 5] 아웃리치 중 위기청소년 발견 시 개입 흐름도

하다. 우리나라에서 아웃리치를 체계적으로 수행하고 있는 대전드롭인센터에서는 〈표 4〉와 같이 아웃리치 실무자 십계명을 만들어 참여자들이 활용하도록 하고 있다.

긴급대기조는 위기청소년 발생 시, 현장에서 긴급구조하여 본부로 데려오거나 필요한 서비스를 제공할 수 있는 기관으로 이송하는 역할을 한다. 이 과정에서 경찰 및 119구조대, 지역전문기관 등과 연계한다.

아웃리치를 실행하다 보면 다양한 청소년들의 다양한 돌발행동에 대처할 것을 요구받는다. 그렇기 때문에 조를 편성할 때는 경험 있는 전문가와 초보자 또는 자원봉사자가 함께

〈표 4〉 실무자 활동 수칙의 예

아웃리치 실무자 십계명
1. 청소년의 눈높이에 맞춰 이야기하고 말을 끝까지 경청한다.
2. 청소년은 우리를 무시할 수 있지만 우리는 청소년을 무시할 수 없다.
3. 말의 시작은 높임말을 사용한다.
4. 지키지 못할 약속을 하지 않는다.
5. 선택은 청소년에게 있다. 따라서 지나치게 강요하지 않는다.
6. 칭찬을 아끼지 말라.
7. 청소년을 비판하지 말고 사랑과 관심의 시선으로 집중하라.
8. 왜 이 일을 하는지에 대한 명확한 신념을 가져라.
9. 나만의 소진 예방법을 찾자.
10. 모든 것을 하려고 욕심 부리지 말자.

골고루 배치되도록 해야 한다. 윤현영 등(2006)은 아웃리치에서 빈번하게 만나게 되는 상황을 잘 정리하였는데 그것을 약간만 수정하여 소개한다.

아웃리치 시 상황별 유의사항

① 휴대폰을 빌려 달라고 하는 경우: 휴대폰을 실무자 앞에서 사용하지 않고 떨어져서 돌아다니며 사용할 경우 분실의 위험이 있으며 다른 청소년을 만나는 데 방해가 된다. 뿐만 아니라 상대방에게 번호가 남겨져 중간 연락처가 되면 활동이 어려워지거나 사생활을 침해받을 수 있다. 따라서 휴대폰은 빌려 주지 않는 것을 원칙으로 하고, 빌려 주지 않는 이유를 명확하게 이야기한 후, 무료로 공중전화를 사용하는 방법을

알려 주는 것도 좋은 방법이다.

② 남자/여자 청소년이 여자/남자 실무자의 전화번호를 알려 달라고 하는 경우: 기관 전화번호를 알려 준다. 아웃리치 활동가들을 보호하기 위하여 개인적인 전화는 알려 주지 않는 것이 좋다.

③ 청소년들이 이성적인 접근이나 신체적 접촉을 할 경우: 좋지 않은 생존방식으로 살아온 것에 대해 그들을 탓할 수만은 없다. 또한 너무 훈육적으로 대하면 저항한다. 그러나 계속해서 그렇게 행동하도록 두어서는 안 되므로 정확하고 단호하면서도 구체적으로 말을 한다. 예를 들면, "나는 이런 행동은 싫고 부담스럽다." 라고 정확하게 의사를 밝힌다. 동시에 "네가 이렇게 하면 사람들이 좋아한다고 생각하겠지만 너를 진심으로 위하는 사람들은 그렇지 않다." 등의 말을 통해 진심으로 걱정하는 마음이 전달될 수 있도록 하여 바른 관계에 대한 새로운 인식을 심어 주도록 한다.

④ 담배나 술을 사다 달라고 하는 경우: 미성년자에게는 편의점에서 술이나 담배를 팔지 않기 때문에(청소년들은 '뚫린다 혹은 뚫리지 않는다'는 용어를 사용), 대신 사다 달라는 요구를 많이 한다. 이 경우는 그렇게 할 수 없음을 명확히 하고 술이나 담배의 위험성에 대해 설명한다.

⑤ 임신이 의심되는 경우: 꽤 깊은 상담이 필요하므로 본부로 안내하여 상황을 자세히 알아보고 그에 따라 후속 조치를 취한다. 원하면 임신반응시약을 제공하기도 한다.

⑥ 청소년들과 이야기하는 도중, 아는 어른(보스)이 나타났을 때: 홍보 리플렛 및 명함을 주고 자리를 뜨도록 한다.

⑦ **동성애 커플을 만났을 때:** 이야기를 하다가 혹은 청소년들이 밝힐 경우, 주변 시선 때문에 짜증나고 속상하고 어렵겠다 등의 공감을 해 준 후 상담을 받을 수 있는 기관이나 방법에 대한 정보를 알려 준다.

⑧ **실무자가 물리적인 공격을 받았을 때:** 이런 경우는 비교적 드물며 이런 상황이 벌어지지 않도록 주의해야 한다. 물리적인 공격이 있을 때, 실무자가 위험하지 않은 정도라면 되도록 폭력으로 대응하는 것은 피하도록 한다. 해당 실무자는 자리를 옮기게 하고 공격한 이유를 청소년에게 알아본 후, 사과하게 하는 등 정리를 하고 상황을 종료한다. 정도가 심한 경우는 책임자에게 연락하고 조치를 취한다.

⑨ **돈을 요구하는 경우:** 택시비를 달라거나, PC방에 친구가 잡혀 있다, 혹은 찜질방에 가고 싶다는 등의 이유로 현금을 요구하는 경우가 종종 있다. 어디에다 쓸지 몰라서, 즉 비행에 사용하거나 담배, 술을 살 수도 있기 때문에 원칙적으로 주지 않는 것이 좋다. 이유를 잘 설명하고 필요한 경우 지하철 승차권, 전화카드 등으로 대체하여 지급한다.

⑩ **말꼬리를 잡거나 실무자의 신체적 특성으로 괴롭힐 때:** 당황하지 말고 웃어넘기는 것이 좋고 그러한 태도가 상대방에게 어떤 기분이 들게 하는지를 알려 주면 더욱 좋다. 그들의 목적은 괴롭히려는 것이 아니라 기선제압, 친밀감의 표시, 무시당하지 않기 위해서 나오는 상황이기 때문에 감정적으로 대응하면 그들은 오히려 무시한다. 이것을 가까워질 수 있는 기회로 활용한다.

⑪ **약물을 사용한 청소년을 만났을 때:** 자주 만나는 것은 아니지

만 이럴 경우는 본드, 페인트, 시너 등 약물을 한 냄새가 나며 눈에 초점이 없고 멍한 상태다. 약물에 취한 상태에서는 어떤 이야기도 되지 않기 때문에 안전한 곳으로 이동시키고 집 등의 연락처를 물어 연락한다. 쉼터 등의 보호시설로 의뢰할 때는 주의를 요한다.

⑫ 속옷이 보이거나 옷차림이 많이 흐트러진 청소년을 만났을 때: 남들에게 어떻게 보이고 어떤 일을 당할 수 있는지에 대해 알려 준다. 예를 들면, "너는 편하게 앉아 있지만 그런 너의 모습이 남자들에게는 다르게 받아들여질 수 있다."라고 알려 준다.

⑬ 전문적이고 깊이 있는 상담을 요할 때: 본부로 안내하여 초기 상담을 실시하고 아웃리치에서 해 줄 수 있는 상담과 정보를 제공하며, 그 청소년이 상담을 지속적으로 원한다면 연락처를 받아서 추후에 반드시 연락하여 지속적인 상담으로 연결해 준다.

이외에도 각 지역마다 빈번하게 발생하는 특수 문제를 매뉴얼화하여 참가자들에게 제공하면 좋을 것이다. 쉼터에서는 아웃리치를 거리상담이라는 용어로 표현하기도 한다. 청소년보호위원회에서는 가출 청소년들을 위한 매뉴얼을 개발하면서 전국의 대표적인 쉼터들이 수행하는 거리상담 활동들을 조사하였다. 그중 서울시립동부아동상담소에서 실시했던 거리상담 활동의 예가 소개되어 있는데, 실제 아웃리치 실행에 참고

할 수 있어 소개한다(청소년보호위원회, 2002, p. 67).

〈서울시립동부아동상담소 거리상담 활동의 예〉

• 거리상담 대상
 – 가출이 매우 오랫동안 지속되고 거리에서 위험한 생활이 습성화된 청소년
 – 앵벌이, 찌라시, 초콜릿 팔이, 껌팔이, 약물남용, 윤락행위 등의 문제가 심각한 청소년
 – 자발적인 개선의 가능성이 거의 없어 강제적인 보호가 필요한 청소년

• 거리상담 방법
 – 거리상담 팀이 직접 역, 지하철 등을 돌아다니며 거리상담을 통하여 청소년을 발견함
 – 지하철 수사대, 지구대, 지역관공서, 경찰서를 중심으로 한 홍보 활동을 통하여 청소년을 발견함

• 거리상담 활동
 ① 공공기관을 통한 청소년 접근
  – 공공기관에서 단속된 가출 청소년에 대하여 실무자가 연락기관, 청소년 현황 및 상태를 파악한 후 거리상담 팀을 조직함
  – 거리상담 팀은 공공기관에 도착하여 인수인계서를 작성하고 청소년에 대한 정보 및 신고 유무를 파악한 후

청소년을 인수함

② 거리상담을 통한 청소년 접근

- 거리상담 팀이 주 3회 19시부터 24시까지 거리상담을 나감
- 활동지역: 서울역, 청량리역, 영등포역 주변, 지하철 역 내, 지하철 탑승
- 2인 1조가 되어 구걸을 하거나, 찌라시를 돌리거나, 껌이나 초콜릿을 파는 청소년 등 만성 가출 청소년으로 보이는 청소년을 관찰함
- 청소년의 외양 및 행동을 통하여 만성 가출 청소년이라고 판단될 때 신분증을 제시하고, 몇 가지 질문을 통해 가출 여부를 확인함
- 아동을 간이상담소(아웃리치 본부)로 인솔하여 초기상담을 실시한 후 필요한 경우 보호자와 연락을 취하여 일시보호 조치함

위에서 소개한 거리상담 활동은 먼저 대상을 명확하게 하는 것으로 시작하고 있다. 명확한 대상을 선정함으로써 거리상담 방법, 발견해 내는 방법, 접근 방법이 짧지만 구체적으로 명시되어 있음을 알 수 있다. 이처럼 무작위 대상보다 분명한 대상을 정하고 활동하는 것이 효과적일 수도 있음을 고려할 필요가 있다.

(3) 상담자 보호

아웃리치 실행의 마지막으로 상담자 보호에 대해 언급하고자 한다. 아웃리치는 현장에서 청소년을 만난다는 좋은 취지를 가지고 있지만, 거리에서 예측하기 어려운 상황의 청소년까지 만날 수 있기 때문에 상담자의 안전 문제에 대해 고려하지 않을 수 없다.

첫째, 지역사회에서 아무리 인지도가 있더라도, 상담기관 단독으로 아웃리치를 기획하고 실시하는 것은 가급적 피하도록 한다. 사실 상담기관에는 인력이 별로 없기 때문에 단독으로 아웃리치할 경우 밀집지역 활동에 한계가 많다. 아웃리치는 지역의 다른 기관과 함께하는 것이 좋은데, 최소한 지역 내 경찰(본청의 생활안전과와 해당 지구대)과 지방자치단체(도·시·구·군청 청소년 관련 부서), 소방서 등과 사전 협의하도록 한다.

둘째, 조를 편성할 때 여성만으로 조를 편성하거나, 1인 1조로 편성하는 것은 피하는 것이 좋다. 성이나 연령 및 경험을 고려하여 조를 편성함으로써 위험한 상황에 대비하는 것이 좋다.

셋째, 상담자는 기관에서 지침으로 정한 범위 내에서만 활동하도록 한다. 물론 개인의 역량에 따라 다양한 시도를 해 볼 수는 있으나, 기본적으로는 기관에서 정한 범위 내에서 활동하도록 한다. 예를 들어, 기관에서 특별히 위험한 지역을 표기하여 접근하지 말도록 하거나, 위험 상황 시 조의 단독 행동보다는 본부에 연락하도록 하는 등의 지침을 마련했다면 그에 따르도록 하고, 개인의 역량을 믿고 호기심과 모험심 때문에 위험한 상황을 자초하지 않도록 한다.

넷째, 본부와 항상 휴대폰 등으로 연락을 주고 받아 이동 상황 등을 보고하고, 호루라기, 손전등 등 비상 호신용품을 지니도록 한다.

4) 아웃리치 마무리와 평가

정해진 시간이 되면 전원이 본부에 모여 하루의 일을 마무리하고 평가한다. 아웃리치를 통해 발견된 위기청소년에 대한 개입 결과를 정리하고, 위기청소년을 의뢰한 기관을 다시 한 번 점검한 후 일체의 활동을 기록으로 남긴다. 아웃리치를 마친 이후에 의뢰한 위기청소년에 대한 추후 조치를 취하고, 활동 기록은 모두 서류로 작성하여 결재를 받고 기관에 보관한다.

아웃리치에 참여한 상담자들과 협력한 전문가 및 자원봉사자들과 활동에 대해 평가하는 시간을 갖고, 피드백을 다음 아웃리치에 반영하도록 한다.

3. 긴급 위기개입 상담: 긴급구조

어느 초여름에 상담기관 당직자가 긴급한 전화연락을 받았다. 고등학교 2학년 여학생이 자살을 하려고 한다는 것이었다. 전화한 사람은 친구였다. 전화를 받은 상담자는 자살을 시도하려는 여학생이 두 명의 친구와 함께 있다는 것을 확인하고, 그들에게 여학생을 보호해 줄 것을 요청했다.

현장에 도착한 긴급구조 담당 상담자는 두 친구에게 널부러져 기대어 있는 여학생을 보았다. 울다 지친 듯했다. 상담자는 친구들로부터 사연을 들을 수 있었다.

은아는 아버지, 동생과 함께 살고 있었다. 중학생 때 엄마가 돌아가신 후 가사를 돌보면서 공부도 열심히 하는 학생이었다. 하지만 아버지의 장기 출장이 잦다 보니 자기 공부와 동생 돌보는 일까지 감당하느라 스트레스가 많았다. 그래서 스트레스를 풀 겸 노래방에 가곤 했다. 친구들과 약속하고 먼저 도착한 어느 날, 낯선 남자들이 방에 들어와 때렸는데 기절해 버렸다. 벌써 두 달 전의 일이었다. 그 후 어지럽고, 생리도 중단되고, 구토가 자꾸 나와서 병원에 갔는데 임신 7주라는 이야기를 들었다.

“나만 믿고 열심히 일하시는 아빠, 나를 존경한다면서 엄마처럼 잘 따르는 동생을 생각하면 죽는 것밖에 다른 길이 없어요.”

상담자는 은아의 입장을 가슴 아파하면서, 은아에게 이득이 되는 길을 선택하자고 제안하고 상담기관의 일시보호소로 안내했다. 은아는 그곳에서 심리치료를 받으면서 자살이라는 극단적 방법을 포기하였고, 현실적으로 가장 도움이 되는 방법을 찾게 되었다. 상담자는 은아의 이모를 비롯하여 다양한 전문가 및 기관과 협력하면서 은아의 문제해결을 도왔다. 이후 성폭력 관련

PTSD(외상후 스트레스 장애)에 대한 개입을 실시한 후 종결하였다.

1) 긴급구조의 의미

긴급구조란 위기에 처한 대상자를 현장에 긴급히 출동하여 구조하는 것을 말한다. 우리나라 긴급구조로는 각종 재난으로부터 국민을 구조하고 보호하는 119시스템과 각종 범죄로부터 국민을 보호하는 112시스템, 그리고 긴급한 위기상황에 복지적 지원을 제공하는 보건복지 콜센터 129시스템이 대표적이다.

상담 장면에서 긴급구조는 대체로 아동과 청소년 및 부녀자를 대상으로 이루어지고 있는 것으로 보인다. 한국상담학회, 상담심리학회 등의 학회 차원에서도 재난지역에 긴급하게 개입하여 지원하는 활동을 하고 있으나, 긴급구조라기보다는 찾아가는 위기개입이라 하는 것이 더 적합할 것이다. 본 절에서는 긴급구조를 아동과 청소년을 대상으로 수행하는 것에 국한하여 기술하고자 한다. 청소년 영역에서의 긴급구조는 가출, 가정폭력, 성폭력, 성매매, 약물중독, 자살 관련 행동 등 긴급개입을 요하는 상황에 처한 대상자를 구출하고자 하는 의도에서 시작되었다(송은아, 노성덕, 2007).

청소년 상담에서 긴급구조가 대두된 것은 국가가 2005년부터 자살, 가출, 인터넷중독, 성매매 등에 노출된 청소년을 현장으로부터 구출해 내기 위한 시스템을 구축하면서 시작되었다. 이 시스템은 헬프콜 청소년전화 1388을 통한 신고로 시작되는 긴급구조와 현장 위기개입, 일시보호소 입소, 입소상담 및 심리치료, 지역 전문기관과의 연계를 통한 맞춤형 지원, 가정 복귀 · 학교적응 · 자활훈련 등으로 연결되는 일련의 과정을 포함한다. 2006년 이후, 긴급구조상담은 전국 16개 시 · 도 청소년상담지원센터에서 시행 중이다. 한국청소년상담원의 자료에 따르면, 2007년에만 전국적으로 3,465명의 청소년이 각 지역 청소년상담지원센터를 통해 긴급구조되었다(유주형, 김규훈, 조은정, 이윤희, 2008).

앞서 청소년 상담에서 긴급구조 대상은 가출, 가정폭력, 성폭력, 성매매, 약물중독, 자살 시도 등의 행동을 하는 청소년이라고 했다. 이들이 위기상황에서 벗어나도록 안전한 장소로 이동시키는 것이 필요하다. 그런데 단지 장소를 변경하는 것만으로 위기를 극복하게 할 수는 없다. 집중폭우로 캠프장에 고립된 야영객이나, 등산 중 길을 잃은 조난자를 헬기로 구조하거나 심근경색 등으로 긴급한 도움을 요청하는 환자를 이동시키는 경우 등은 장소 이동과 의료서비스 제공으로도 충분한 긴급구조가 될 것이다. 그러나 가정폭력, 성폭력, 가출, 약물중독, 자살 시도 등을 감행하는 경우, 단지 장소를 벗어나게 하거나 외과치료 또는 약물치료만으로 위기상황을 극복하게 하기는 어렵다. 위기를 경험하는 사람의 심리적 측면에 대한 개입을 동시에 진행해야 하는 것이다. 그래서 특히 아동이나 청소년의 경우는 위기로부터 구조할 경우에 상담기관에서 긴급구조 기능의 일부를 수행하도록 법으로 규정해 놓았다. 어떤 면에서 본다면 아동이나 청소년뿐만 아니라 모든 위기상황에 119긴급구조사와 함께 청소년상담사, 전문상남사, 상남심리사 등 상담전문가가 동행하도록 하는 시스템도 마련되어야 할 것이다. 이렇게 되면 긴급구조가 대상자의 필요를 맞춤형으로 채워 주는 최상의 서비스가 될 것이다. 이런 측면에서 긴급구조를 현장 위기개입 상담이라고 이름 붙인 것이다. 향후 상담자들은 긴급현장 위기개입이라는 측면에서 긴급구조 활동을 깊이 고려하여 지속적인 역할을 만들어 가야 할 것이다. 이 장에서는 이러한 노력의 일환으로 초보적인 수준에서 긴급구조를 논의하고자 한다.

2) 긴급구조 요청 상황

(1) 자살을 시도하는 대상자

자살충동을 강하게 느끼거나 자살을 시도하려던 사람이 긴급구조를 요청할 수 있다. 또는 가정이나 학교 등에서 자살을 시도하던 사람을 발견하여 구조를 요청할 수도 있는데, 그 경우엔 자살이 미수에 그쳤거나 대치상황일 것이다. 자살과 관련한 도움 요청은 대개 전화를 이용한다. 따라서 긴급구조를 수행하는 기관에는 긴급한 상황에 대처할 수 있는 지침서가 갖추어져 있어야 한다. 자살이나 폭력, 성폭력, 성매매 등의 위기상담을 받을 수 있는 전화는 3자 통화 시스템을 구축하여 상담자가 대상자뿐만 아니라 경찰이나 119 등과 동시에 통화할 수 있는 조치를 하는 것이 좋다. KT 고객센터(국번없이 100)로 신청하면 쉽게 구축할 수 있다.

자살충동이나 시도로부터 두려움을 느끼고 스스로 구조를 요청하는 대상자이더라도 상담자가 단독으로 출동하기보다는 119와 함께 출동하는 것이 좋다. 3자 통화를 통해 위치를 확인하고 119가 먼저 출동하도록 한 후, 상담자는 전화를 통해 대상자와 통화를 유지하면서 자살을 시도하게 된 이유가 무엇인지, 지금 주변에 누가 있는지, 충동적인 상황을 먼저 어떻게 피하거나 정리해야 하는지 등에 대해 개입할 수 있다.

자살이 미수에 그쳤거나 대치 상황인 경우, 대개 구조를 요청하는 사람은 자살을 시도하는 당사자가 아닌 제 3자인 경우가 많다. 사실 제3자가 구조를 요청하는 경우는 상담전화보다는 곧바로 119나 112로 신고하는 경우가 많다. 이러한 경우 119나 112로부터 지원 요청을 받을 수 있는데, 상담전문가로서 개입에 참여하게 된다. 혹은 의뢰자가 상담기관으로 전화를 먼저 하더라도 3자 통화를 통해 119와 연계하여 신속한 구조가 이루어지도록 해야 한다.

(2) 가정폭력 상황에서 구조를 요청하는 대상자

가정폭력 상황은 가정폭력이 진행되는 상황에서 긴급구조를 요청하는 경우, 가정폭력을 피해 집 밖으로 나와 긴급구조를 요청하는 경우와 가정폭력을 인지한 제 3자가 구조를 요청하는 경우로 나누어 볼 수 있다.

가정폭력은 상당히 복잡한 원인들로부터 영향을 받는다. 부부갈등 등의 가속 내 갈등, 알코올중독 및 약물남용, 경제적 빈곤, 보호자의 정신지체, 우울, 정신분열 등의 정신병리 문제 등이 복합적으로 작용한다. 그러므로 가정폭력 상황에서 피해자 등이 이용할 수 있는 긴급구조 시스템도 다양하게 마련되어 있다. 범죄신고 112, 응급지원 119, 가정폭력신고, 아동학대피해전화 1577-1391, 사회복지콜 129, 청소년전화 1388 등이 있다. 현재 가정폭력이 진행 중인 상황이라면 피해자들은 112를 우선적으로 생각하고 도움을 요청할 수 있다. 혹은 상담기관으로 전화가 오더라도 경찰과 연계해야 하며, 상담기관에서 긴급구조에 참여할 경우 심리치료적 관점에서 다른 전문가들과 협력하고, 긴급구조 이후의 개입을 계획하여 기여할 수 있다. 만성적인 가정폭력일 경우는 긴급구조와 일시보호 및 쉼터나 그룹홈 입소를 연계할 수 있으며, 이런 경우에 지역 정신보건센터, 가정폭력상담소 등과 협력하는 것이 좋다.

(3) 성폭력 · 성매매 상황에서 구조를 요청하는 대상자

성폭력이나 성매매 위험에 노출된 대상자가 구조를 요청할 경우 경찰과 협력하여 긴급구조를 진행한다. 성폭력이나 성매매 위험에 처한 대상자가 112로 구조 요청을 하지 않고 상담기관으로 전화할 경우, 본인의 신분이 노출되기를 꺼리거나 근친에게 당한 폭력일 수 있으므로 경찰과 연계할 때는 경찰서 생활안전과 여성청소년 팀과 충분한 협의가 이루어져야 한다. 하지만 긴급히 출동하면서 충분한 협의가 이루어지기는 어렵다. 따라서 평소에 각종 상담관련 사항에 대하여 협의해 둠으로써 신속한 의사소통이 가능하도록 조치해 두는 것이 필요하다.

성폭력 피해나 만성적 성매매의 경우, 경찰, 성폭력상담소, 성매매 피해여성 상담기관, 성폭력 쉼터 등과 연계하여 구조하되, 심리치료 전문가로서의 역할을 수행한다.

(4) 가출 후 긴급한 도움을 필요로 하는 대상자

자신 및 자신을 둘러싼 주위 환경에 대한 불만이나 갈등에서 비롯된 문제점에 대한 반발이나 해결을 위해, 보호자의 승인 없이 최소한 하룻밤 이상 무단으로 집을 나가 귀가하지 않는 충동적 혹은 계획적 행위를 가출이라고 한다(김성이, 강지원, 구본용, 황순길, 1996). 자의적으로 집을 나가는 경우 성인은 출가 또는 노숙이 되는 경향이 있고, 청소년은 가출이 되는 경향이 있다. 자의가 아닌 타의 때문인 경우는 납치가 되고, 자의인지 타의인지 불명확할 경우는 실종이 된다.

가출한 청소년의 경우엔 청소년전화 1388이나 청소년 쉼터 전화로 구조를 요청하게 된다. 가출 청소년의 구조 요청이 있을 때, 상담자는 기관에서 현장으로 출동할지, 아니면 청소년이 찾아올 수 있는 상황인지를 파악하여 대처하는 것이 필요하다(송은아, 노성덕, 2007b).

가출 청소년이 지속적으로 증가하면서, 상담기관이나 쉼터를 여관처럼 이용하거나, 차비 또는 필요 물품을 제공받는 곳으로 활용하는 청소년도 증가하고 있다. 또한 시설의 차량을 콜택시처럼 이용하려는 청소년도 증가하고 있다. 따라서 가출 청소년의 특성에 따른 다양한 대처 방법을 개발하는 노력이 필요하다. 이러한 상황 때문에 가출 청소년을 돕고자 하는 전문가들이 딜레마에 부딪히게 된다. 가출 청소년이 증가하기 때문에 보호시설을 늘려야 한다는 의견과 편안한 보호시설이 늘어나기 때문에 가출하는 청소년이 증가한다는 의견이 충돌하는 것이 그 대표적인 경우다. 어느 생각이 옳고, 어느 생각이 틀렸다고 단정 지을 수 없다. 가출 청소년의 특성이 매우 다양하기 때문이다. 그러나 이유야 어떻든 일단 가출하면 가출 청소년에게는 편안하고 안전한 환경이 보장되지 않고, 매 순간순간이 위기상황의 연속일 수 있음을 기억해야 한다. 앞서 언급한 자살이나 성폭력, 성매매, 인신매매, 임신, 폭력 등에 가출 청소년이 쉽게 노출되기 때문이다. 이 때문에 많은 딜레마를 안고서도 전문가들은 개입을 소홀히 할 수 없다. 긴급구조 요청이 들어오면 출동하거나 찾아오도록 하거나 지역 협력기관들을 통해 구조하거나 그 밖의 가능한 방법들을 모색해두었다가 개입해야 한다. 결과적으로 가정복귀가 가장 이상적인 개입결과일 것인데, 가출 원인이 너무 다양하고, 가정복귀가 어렵거나 불가능한 경우들이 있으므로, 대체가정이나 보호

시설로의 연계 등을 고려하여 개입해야 할 것이다.

3) 긴급구조 절차

긴급구조는 긴급구조 요청 ⇨ 출동 여부 판단 ⇨ 현장 긴급 개입 ⇨ 대상자 구조 및 위기개입 후 타 전문가와 조치에 대한 논의와 결정 ⇨ 가정복귀 또는 보호시설 연계(종결) ⇨ 추후 점검 등의 절차로 진행된다. 절차에 대한 세부 내용은 이미 긴급구조가 필요한 상황을 설명하면서 언급했으므로 여기서는 중복되는 설명을 생략한다. 다만 긴급구조를 수행할 때 고려해야 할 점들을 몇 가지 살펴본다.

첫째, 관련 기관 및 단체와의 연계망을 잘 활용해야 한다. 긴급구조 활동을 상담자들이 직접 하는 경우는 아동상담이나 청소년 상담, 가정폭력 및 성폭력상담 영역에 치중되어 있다. 하지만 이런 경우에도 112, 119, 129, 1577-1391 시스템에서 이미 많은 역할을 수행하고 있다는 것을 기억해야 한다. 따라서 관련 기관 및 단체와 협력하면서 상담전문가의 역할을 찾아 함께하는 자세를 가져야 할 것이다.

둘째, 긴급구조에 참여하는 상담자의 안전문제를 고려해야 한다. 단독으로 긴급구조를 수행하는 것은 무리한 행동일 수 있으므로 팀을 구성하여 활동하도록 한다. 비록 팀으로 활동하더라도 법률적 문제가 야기될 수 있는 상황에서는 경찰이나 아동보호전문기관 등의 전문가들과 같이 출동하도록 한다.

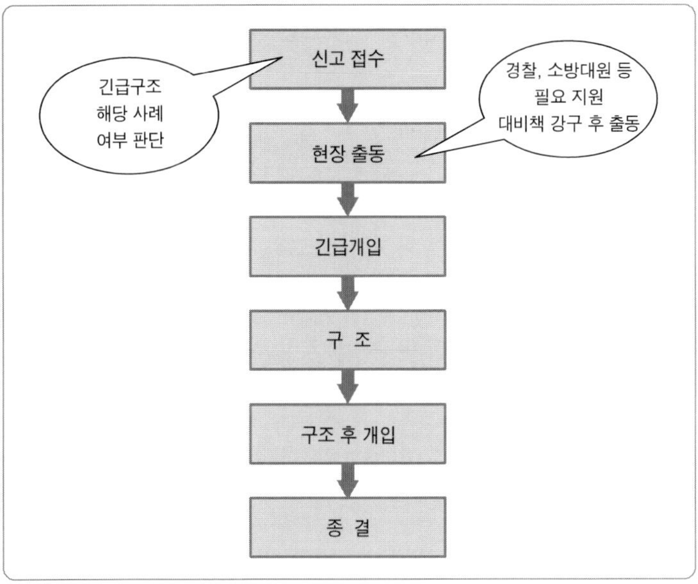

[그림 6] 긴급구조 절차

셋째, 현장상담 개입 시 무턱대고 집안이나 건물 내부로 들어가는 것을 삼간다. 가급적 지하철역, 터미널, 광장, 편의점 등을 이용하는 것이 좋다. 긴급구조 활동에 차량을 이용할 경우, 상담자와 대상자의 안전에 대비해서 종합보험에 가입해 두어야 한다. 무리한 긴급구조 활동을 모험심으로 감행하는 것을 자제하고, 타 전문가들과 충분히 협의하면서 진행해야 함을 반드시 기억해야 할 것이다.

4. 찾아가는 상담전문가: 청소년동반자

1) 청소년동반자의 의미

청소년동반자는 상담을 받으러 기관에 방문할 수 없는 위기청소년을 현장에 찾아가서 지원하도록 하기 위해 국가가 정책적으로 선발한 '찾아가는 상담전문가'를 말한다. 청소년동반자는 찾아가는 상담전문가를 지칭하는 동시에 국가의 위기청소년 개입정책 프로그램을 의미하기도 한다.

오경자, 이기학, 배주미(2006)는 청소년동반자를 전문가로 전제하면서 "청소년 상담분야에서 자격과 경험을 갖춘 전문가로서, 위기청소년의 입장에서 지역사회 각종 자원을 현장에서 함께 찾고 연계하며, 위기청소년과 지속적인 관계를 형성하여 청소년의 성공적인 삶을 지원하는 정서적 지지자"라고 소개하고 있다.

그리고 청소년동반자 프로그램의 특징 다섯 가지를 다음과 같이 제시했다.

① **다중체계적 관점**: 청소년동반자 프로그램은 위기청소년의 문제를 개인중심 관점이 아닌 '청소년을 둘러싼 가족, 학교 및 지역사회의 총체적인 상호작용의 결과'라는 관점을 취한다.

② **개인별 맞춤형 통합적 서비스**: 청소년동반자 프로그램은

개별 청소년의 특성에 적합한 맞춤형 서비스를 제공하는 것을 특징으로 한다. 위기청소년을 돕기 위한 방법이나 기법에 제한을 두지 않고, 다양한 기법을 적용하여 청소년과 환경의 특성에 가장 적합한 개입전략을 선택한다.

③ **찾아가는 서비스**: 청소년동반자 프로그램은 스스로 상담의 필요성을 인식하지 못하거나, 동기가 낮아서 상담받는 것을 꺼리거나, 지리적 여건 또는 환경적 상황 등으로 상담을 받기 어려운 위기청소년들을 위해 전문가가 생활 장면으로 직접 찾아가서 서비스를 제공하는 것을 특징으로 한다.

④ **현장 중심의 직접적 개입**: 청소년동반자 프로그램은 개인의 태도와 생각을 바꾸도록 종용하면서도 동시에 청소년의 생활환경에서의 문제점을 직접 변화시키기 위한 행동적 접근을 취하는 특징을 가지고 있다.

⑤ **개입 효과의 지속적 평가를 통한 개입전략의 정교화**: 청소년동반자 프로그램은 개입 효과에 대해 지속적으로 평가하는 것을 특징으로 한다. 각 청소년의 특징에 맞는 맞춤형 개입전략을 계획하고, 그에 따라 구체적인 개입목표를 설정하기 때문에 비교적 단기간 내에 개입전략의 적절성과 효율성을 평가할 수 있다.

이 가운데 '찾아가는 서비스' 및 '현장중심의 직접적 개입'이라는 특징은 청소년동반자 프로그램이 여타 상담프로그램과

차별화되는 것이라고 할 수 있다.

청소년동반자는 2005년 10월부터 선발되어 찾아가는 상담 업무를 수행하고 있는데, 근무 형태상 전일제청소년동반자와 시간제청소년동반자로 구분하고 있다. 전일제청소년동반자는 주 5일 40시간 근무하고, 시간제청소년동반자는 주 12시간 내에 탄력적으로 찾아가는 상담을 담당하고 있다. 청소년동반자의 근무 형태나 조건 및 업무, 선발 기준, 급여 등은 정부에서 지침으로 정하고 있는데, 대체로 선발 기준을 보면 〈표 5〉와 같다(자료 출처: www.egfriend.or.kr. 2008년 1월 및 4월 게시물). 전일제청소년동반자는 관련 국가자격증 가운데 청소년상담사 3급, 직업상담사 2급, 청소년지도사 2급, 사회복지사 1급 이상의 자격증 중 하나 이상을 갖추었거나 임상심리사 2급, 상담심리사 2급 이상의 자격증 가운데 하나 이상을 소지하고 관련 경력이 1년 이상인 사람을 선발 기준으로 제시하고 있다.

〈표 5〉 청소년동반자 선발 기준

근무 형태	선발 기준
전일제 청소년 동반자	① 해당자격증(청소년상담사 3급 이상, 청소년지도사 2급 이상, 사회복지사 1급 이상, 임상심리사 2급 이상, 상담심리사 2급 이상, 직업상담사 2급 이상) 하나 이상을 소지하고, ② 청소년업무, 사회복지업무, 교육 현장 근무 경력 1년 이상인 사람
시간제 청소년 동반자	① 해당자격증(청소년상담사 3급 이상, 청소년지도사 2급 이상, 사회복지사 1급 이상, 임상심리사 2급 이상, 상담심리사 2급 이상, 직업상담사 2급 이상)을 소지하거나 ② 청소년업무, 사회복지업무, 교육현장 근무 경력 1년 이상이거나 ③ 관련 분야(청소년 · 사회복지 · 심리학) 대학원 재학생 이상인 사람

상담기관에서 상담원을 선발할 때의 기준과 유사하다. 다만 차이가 있다면 상담기관에서는 상담전공 석사학위 취득 여부를 전제로 하고 있는 데 비해, 전일제청소년동반자는 석사학위 취득을 조건으로 제시하지 않는다는 것이다.

시간제청소년동반자는 전일제청소년동반자에 비해 지원할 수 있는 폭이 넓다. 전일제청소년동반자에게 요구했던 자격증 가운데 1개 이상을 취득했거나, 관련 근무 경력이 1년 이상이거나, 관련 학과 대학원생이면 된다. 전일제청소년동반자는 두 가지 조건을 충족시켜야 하지만, 시간제청소년동반자는 세 가지 조건 중 한 가지만 충족시키면 되기 때문이다. 특히 상담 관련 자격증 취득 전이라도 대학원에 재학 중이면 지원할 수 있기 때문에 처음 상담에 입문하는 사람들이 시간제청소년동반자로 출발할 수 있는 여지가 있다.

2) 청소년동반자의 역할

청소년동반자를 이해하기 위해서는 청소년동반자의 역할을 살펴볼 필요가 있다.

첫째, 청소년동반자는 위기청소년에 대한 상담 개입을 수행하는 역할을 한다. 청소년동반자는 청소년이 있는 곳에 찾아가서 위기청소년과 지속적인 상호교류를 통하여 심리적, 정서적 지지를 제공한다. 이때 청소년동반자들이 현장에 찾아가서 주로 다루는 위기청소년들의 문제는, ① 성, 도박, 약물 등의 비행 관련 문제, ② 왕따, 집단폭력, 가출, 무단결석 등의 학교 부적응 관련 문제, ③ 자살, 자해 등의 문제, ④ 인터넷 중독, ⑤ 은둔형 부적응 청소년 문제 등이다. 청소년동반자는 이러한 문제를 안고 있는 청소년을 현장에 찾아가 개입하는 역할을 한다(오경자 등, 2006).

둘째, 청소년동반자는 청소년이 속한 환경에 대해 개입한다. 청소년동반자는 청소년의 가정, 학교 및 지역사회에 직접 찾아가서, 청소년과 주변 환경이 가지고 있는 위험요인과 보호요인을 분석한 뒤 각 영역에 개입하여 보호요인을 강화시키고 위험요인을 감소시키기 위해 노력한다. 보호요인은 청소년이 위기를 극복하고 성장하는 데 도움이 되는 요인들을 말하며, 위험요인은 청소년의 위기를 촉발시키거나 유지시키는 데 영향을 미치는 요인들을 말한다.

셋째, 청소년동반자는 연계망을 활용하여 위기청소년을 지원한다. 지역사회의 다른 기관 및 단체와 협력하여 대상 청소년에게 맞춤형 서비스를 제공하는 역할을 한다.

청소년동반자는 상담기관에 내방하여 상담을 받기 어려운 상황에 처한 청소년이 있는 현장에 찾아가서 상담서비스를 제공하면서 동시에 지역사회 전문가들과 협력하여 청소년에게 필요한 다양한 서비스를 연계 지원하는 전문가라고 할 수 있다.

그러나 고려해야 할 점이 있다. 연계 지원하는 전문가이기 때문에 위기청소년을 찾아가서 적합한 서비스를 제공할 수 있는 기관에 소개해 주는 일을 주요 업무로 수행한다는 뜻은 아니다. 만약 청소년동반자가 현장에서 위기청소년을 만나 평가한 후 적합한 서비스를 가지고 있는 기관이나 단체를 발굴하여 연결해 주는 것만을 주 업무로 한다면 청소년동반자는 상담자가 아니다. 청소년상담자가 찾아가는 상담전문가인 것은 현장에 찾아가서 대상자와 촉진적 관계를 형성하고, 대상자와 대상자가 처한 맥락을 진단 · 평가하여 목표를 설정하고 상담적 개입을 하기 때문이다. 그러나 상담적 개입만으로 대상자의 주변 환경에 영향을 미치는 데 한계가 있기 때문에 본인이 할 수 없는 것을 다른 전문가와 연계하여 지원하는 것이다. 그래야 찾아가는 상담전문가라 할 수 있으며, 현장에 찾아가는 상담자라는 특성을 감안할 때 상담훈련을 받지 않은 사람이 활동할 경우 대상자와의 관계에서 여러 가지 문제들이 돌출될 수 있음을 기억해야 할 것이다.

3) 청소년동반자 활동 과정

(1) 대상자 접수

청소년동반자는 현재 청소년 상담기관에서 채용하고 있다. 그래서 대상자가 의뢰될 경우 상담기관의 사례접수, 사례판정 및 배정의 과정을 따르게 된다. 대상자가 스스로 상담을 신청하거나, 가족, 친구, 교사, 경찰, 사회복지사, 청소년지도자, 지역 주민 등이 의뢰할 수 있다.

(2) 사례판정 및 배정

청소년동반자 사례로 적합한지의 여부를 확인하기 위하여 의뢰된 사례를 판정하는 사례판정 회의를 개최하는 것이 의무화되어 있다(지승희, 송미경, 배주미, 2006). 때로는 상담을 받으러 올 수 있는 여건인데도, 내방이 귀찮아서 찾아오기를 요청하는 경우도 있다. 그러나 요청을 무조건 수락하는 것도 대상자가 중요하게 학습할 기회를 막는 것이 된다. 어떤 경우 대상자들은 중요한 변화를 경험하거나, 중요한 무엇을 얻으려면 귀찮음 혹은 번거로움을 감수하거나, 시간과 같은 중요한 무엇인가를 지불해야 한다는 것도 배워야 한다. 그것이 현실이기 때문이다. 또한 그것은 대상자가 상담을 통해 얻은 변화와 새로운 삶의 태도를 자기의 습관으로 만들어 가는 것을 촉진시켜 주기도 한다.

정신지체 등과 같이 특수교육이 필요하거나 심각한 정신장애를 가진 것으로 진단되었을 때도 다른 전문가에게 의뢰해야 한다. 이외에도 상담기관에서 사례판정 회의를 통해 청소년동반자 사례로서의 적합 여부를 판단한 후 청소년동반자에게 사례를 배정한다. 사례를 배정받은 청소년동반자는 먼저 전화로 대상자와 접촉하여 프로그램을 소개하고, 방문 장소 및 방문 일시를 약속하고, 사례개념화에 필요한 제반 정보를 확보하기 위해 노력한다. 또 앞서 설명한 것처럼, 방문 시 단독으로 방문할 것인지, 2인이 방문할 것인지를 계획하고, 찾아간다면 누구와 만나서 면담할 것인지 등을 계획한다.

(3) 개입

① 호소문제 듣기

청소년동반자는 대상자를 찾아가서 촉진적 관계를 형성하고 대상자가 호소하는 문제에 대해 들어야 한다. 대상자의 문제상황은 상담자가 현장을 방문하기 때문에 눈으로 보는 것과 피부로 느껴지는 것이 더해져서 정보를 듣기만 하는 것보다 훨씬 많은 정보를 얻을 수 있다. 청소년동반자는 호소문제를 들으면서 다음과 같은 활동을 해야 한다.

첫째, 문제상황을 파악한다. 호소문제들이 무엇인지, 주된 호소문제는 무엇인지, 문제에 영향을 미치는 것들은 어떤 것이 있는지, 대상자는 어떤 사람인지, 대상자의 가족은 어떤 사람이며 대상자와 어떤 관계를 유지하고 있는지, 정신병력이나 과거 치료 경험이 있는지, 최근에 대두된 문제상황은 무엇인지, 상담을 받게 된 이유가 무엇인지 등의 정보를 얻는다.

둘째, 위기수준을 평가한다. 대상자가 현재 주관적으로 경험하는 심리적 붕괴수준이 어떠한지, 외적으로 나타나는 위기의 징후는 무엇인지, 환경적으로 위기 촉발 요인들이 존재하는지 등을 평가한다. 청소년동반자들은 위기스크리닝척도를 사용하고 있으며, 그 외에도 자살 관련 척도나 우울척도(BDI) 등을 사용하기도 한다.

셋째, 보호요인과 위험요인을 분석한다(〈표 6〉). 이 분석을 토대로 보호요인을 강화하고 위험요인을 감소시키는 전략을

〈표 6〉 보호요인과 위험요인 분석의 예

영 역	위험요인		약 ←→ 강					보호요인		약 ←→ 강				
			1	2	3	4	5			1	2	3	4	5
개 인	1	기초학습 결손			◎		√	1	비행행동이 오래되지 않음				√ ◎	
	2	낮은 자존감				◎	√	2	온순한 성격			√	◎	
	3	비행행동(절도, 흡연,싸움)			◎		√	3						
	4	외로움			◎	√		4						
	5	집주인에 대한 심리적 불편감	◎			√		5						
가 족	1	혼자 사는 것		◎		√		1	모에 대한 애정			√	◎	
	2	경제적 어려움			◎	√		2	친구 모의 양육	√			◎	
	3	집(쪽방)		◎			√	3	안정된 거주 공간	√			◎	
학교 및 또래	1	비행 또래 어울림			◎		√	1	담임교사의 관심				√	◎
	2	낮은 학업성취도			◎	√		2						
	3	잦은 지각과 결석		◎			√	3						
지역 사회	1	인근에 다수의 위기청소년 거주				√ ◎		1	교회의 관심				√	◎

√: 초기평가 ◎: 중간평가

구성하며 상담목표 설정의 자료로 활용하기도 한다. 분석표는 회기가 진행됨에 따라 보호요인이 어떻게 강화되고, 위험요인이 어떻게 감소되었는지를 평가하는 데도 사용된다.

② 개입

문제상황에 대해 듣고, 위기수준을 평가하면서 보호요인과 위험요인 등을 분석하면 사례개념화가 어느 정도 이루어진다고 할 수 있다. 이제 본격적으로 개입을 시작하는데, 현장에서 위기개입 후 연계할 수도 있고, 지속적으로 방문하여 상담하는 방향으로 나갈 수도 있다. 2007년에 청소년동반자가 방문하여 개입한 장소를 유형별로 보면 〈표 7〉과 같다(이수림, 장혜아 편, 2007).

〈표 7〉 청소년동반자가 찾아간 곳

구분	가정	학교	거리	기타	계
%	25.7	35.2	15.4	23.6	100

청소년동반자가 가장 많이 찾아간 현장은 학교였다. 학교는 청소년이 가장 많이 모여 있는 곳이기 때문에 청소년동반자의 입장에서는 가장 많이 찾아갈 수밖에 없는 곳이다. 하지만 어려움에 처한 청소년이 학교에 찾아온 외부 전문가를 만나는 것은 쉬운 일이 아닐 것이다. 특히 왕따나 학교 폭력과 같이 다른 사람의 시선을 많이 의식해야 하는 청소년에게는 더더욱 그렇다. 따라서 학교로 방문하는 것이 최적의 선택인지를 충분히 고려하고, 관련된 사람들과 협의를 거쳐 결정해야 한다. 다음으로 많이 찾아간 장소는 가정이었다. 청소년동반자가 대상자의 가정에 지속적으로 찾아가서 도움을 주다 보면 그 가

족의 역동에 참여하게 된다. 이때 청소년동반자는 자기가 방문한 가정에 어떤 영향을 미칠 수 있는지를 충분히 고려하여 이를 치료적 관점에서 활용해야 한다. 만약 대상자나 가족구성원들이 청소년동반자로 하여금 결핍된 가족구성원의 역할을 하도록 요구한다면 청소년동반자는 가족에게 자신의 역할을 명확하게 설명하여 오해가 없도록 해야 한다. 그 외에 거리와 기타 항목이 있는데, 이에 대한 부가적인 설명이 없어서 구체적으로 어느 장소를 지칭하는지는 알기 어렵다. 다만 거리의 작은 공원이나 벤치, 학원가, 교회, 성당, 관공서 민원실, 도서관, 간이식당, 과일 전문점 등이 많을 것으로 추정된다. 어느 곳으로 찾아가든 청소년동반자는 그곳에서 긴급 위기개입 후 연계할 수도 있고, 본인이 사례를 관리하면서 지속적인 상담개입 방향을 선택할 수도 있다.

개입 초기에 상담목표를 설정하는 것이 우선되어야 한다. 상담의 목표는 확인과 평가가 가능하도록 문제해결 중심의 언어를 사용할 것을 권장하고 있다. 위기상담을 진행하는 맥락에서 보면, 현장에 찾아가서 구체적인 문제를 찾아 대상자와 목표를 합의하고 개입하는 것이 효율적이다. 청소년동반자는 가정을 방문해서 수다를 떨고 청소해 주는 것을 주된 활동으로 삼는 사람이 아니기 때문이다.

목표에 대해 합의하면 목표 달성을 위해 개입전략을 계획하고, 상담의 전 과정에 대해 준비하는 것이 필요하다. 특히 청소년동반자의 경우 정부정책의 변화에 따라 개입 기간이 3개월, 6개월 또는 1년 등으로 제한된 회기를 요구받을 수 있기 때문이다. 실제로 개입 과정에서 위기가 극복되거나 내방이 가능해지면 찾아가는 상담이 아니라, 내방상담으로 전환하거나 다른 전문가에게 연계해 줄 수 있다.

개입은 목표지향적인 경향이 있다. 이상적으로 보면 분명한 목표를 가지고 회기 때마다 명확한 전략을 구사하는 것이 필요하다. 물론 매 회기가 돌발 상황 없이 청소년동반자 뜻대로 진행되는 것은 현실적으로 어려울 수 있다. 그러나 그렇다고 해서 목표지향적이 아닌 느슨한 개입을 지향하면 위기청소년을 현장으로 찾아가는 청소년동반자 활동에 적합하지 않게 된다.

개입을 하다가 다른 필요에 직면할 경우 청소년동반자는 전략적으로 연계 자원을 활용하게 된다. 예를 들어, 청소년동반자가 만나던 대상자에게 학업부진이 부각되었다고 하자. 원래 목표는 학교적응—무단결석하지 않기—이었는데, 상담을 진행하다 보니 학업부진이 큰 원인 중 하나로 밝혀졌다. 이때 청소년동반자는 대상자를 만나서 과외를 해 주어야 하는가? 그렇지 않다. 청소년동반자가 과외를 해 주면 대상자 문제해결을 위한 상담자의 조망이 흐려지고, 상담자가 아닌 무료 자원봉사자 과외교사가 된다. 오히려 청소년동반자는 지역아동센터, 지역학원연합회, 방과 후 아카데미, 대학생 멘터 등과 연계하여 대상자의 학습부진이라는 현실적 문제를 다룰 수 있어야 한다.

③ 중간 평가

개입 도중에 합의한 목표의 내용, 목표 달성 정도, 보호요인과 위험요인의 변화 정도, 상담개입에 대한 대상자의 만족 정도 등에 대한 중간 평가가 필요하다. 이 평가 결과를 토대로 목표 수정, 개입방법 개선, 종결 준비 등을 할 수 있다.

(4) 평가 및 종결

청소년동반자는 개입 계획을 세우고 상담을 진행하면서 대상자와 합의한 목표가 달성되고 있음을 평가하고 종결을 준비해야 한다. 종결은 상담에서 중요한 공식절차임을 명심하고 대상자와 사전에 종결 이유와 시기에 대해 논의한 후 종결에 따른 대상자의 태도와 정서를 다루면서 종결을 준비한다. 청소년동반자 프로그램에서는 대상자를 혼자서 지원하기보다 연계망을 통해 다른 전문가와 협력하기 때문에 관련자들과 종결에 대한 의견과 정보를 공유해야 한다.

종결 시에는 대상자의 특성에 따라 적합하다고 판단되는 정도의 추후 만남을 계획하고 대상자와도 협의하여 추후 만남을 진행한다.

4) 청소년동반자 활동 현황

청소년동반자는 2005년 10월 이후로 현장에 적용되기 시작했다. 2007년 자료에 따르면, 전국적으로 활동하고 있는 청소

〈표 8〉 청소년동반자 현황

	전일제동반자	시간제동반자	계
계	103	498	601

년동반자 현황은 〈표 8〉과 같다.

총 601명의 청소년동반자가 활동하였는데, 그중 전일제청소년동반자는 103명이었고, 시간제청소년동반자는 498명이었다(이수림, 장혜아 편, 2007).

청소년동반자들에게서 상담을 제공받은 청소년의 가족 형태를 보면 〈표 9〉와 같다. 부모가 모두 있는 가정의 청소년이 56.2%이고, 편부모이거나 부모가 없는 경우가 43.8%에 달했다. 그러나 부모가 모두 있는 가정이어도 부모와 함께 사는 경우는 49.2%에 불과했고, 이혼이나 사별, 별거 등으로 부모와 떨어져 생활하는 대상 청소년이 50.8%이었다(이수림, 장혜아 편, 2007).

〈표 9〉 청소년동반자가 상담을 제공한 대상 청소년의 가족 형태

구 분	부모 가족	편부	편모	조부모	친척	소년가장	계
%	56.2	15.1	18.9	6.6	1.6	1.6	100

한편 대상 청소년의 주거 현황을 보아도 집이 아닌 곳에 거주하는 경우가 대상자 중 14.1%에 달하고 있으며, 경제적 측

면에서는 기초수급 및 차상위계층이 35.5%였다. 대상 청소년의 주된 호소문제를 보면 비행 21.8%, 학교부적응 18.2%, 가족문제 13.9%, 대인관계 12.7%, 정신건강 8.4%, 성격문제 8% 등의 순이어서 대체로 비행과 학교부적응이 40%에 이르고 있음을 알 수 있다. 따라서 청소년동반자들의 활동도 비행청소년 및 학교부적응과 가족문제, 대인관계 문제, 정신건강 문제 등과 관련되어 이루어질 수 있다는 것을 미루어 짐작할 수 있다.

5. 현장상담 시스템: 또래상담

고등학생 또래상담자 호정이는 어느 날 아침 몹시 심란한 표정을 하고 창밖을 바라보고 있는 주현이를 발견했다. 평수 활발하고 적극적인 주현이가 요 며칠 동안 심란한 표정을 짓는 것을 여러 번 보았기 때문에 호정이가 먼저 말을 건넸다. 처음에는 별일 아니라는 듯 이야기하더니 조용히 호정이를 밖으로 불러서 울면서 자기의 고민을 털어놓았다.

"부모님이 몇 해 전부터 심하게 싸우더니 올해부터 따로 사셔. 아빠는 회사 근처에서 집을 구했고 엄마는 외가에서 생활하고, 나는 혼자 살아. 벌써 몇 달 되었어. 그런데 그 모든 것이 내 탓이래. 엄마는 나 때문에 결혼해서 구질구질하게 살아왔대. 나만 없었으면 결혼도 안 했을 거래. 아빠는 나보고 지 에미 닮아서 고집불통에 엉큼하기 짝이 없대. 자기들이 좋아서 결혼해 놓고 왜 나 데리고 그러는 거야. 화가 많이 나. 자꾸 무서운 꿈만 꾸고, 혼자 있다가 화가 나면 아버지 라이터로 엄마가 만든 커튼에 그냥 불을 붙였다가 깜짝 놀라 끄곤 해. 나도 모르게. 그래서 나 자신도 무서워. 모든 게 없어져 버렸으면 좋겠어. 힘들어."

주현이와 이야기하면서 또래상담자 호정이는 주현이가 정말 원하는 것이 무엇인지를 탐색했다. 그리고 주현이가 자신이 정말 원하는 것이 무엇인지 발견하도록 도와주었다. 그것은 다름 아닌, '부모님과 함께 재밌게 사는 것'이었다. 호정이와 대화하면서 주현이는 지금까지 자기가 정말 원하는 것을 부모님께 이야기해 본 적이 없다는 사실을 알고 깜짝 놀랐다. 그래서 호정이는 주현이가 자신의 바람을 부모님께 이야기할 수 있는 기회를 가질 수 있도록 격려하고, 어떻게 말할 것인지 함께 연습해 보았다. 주현이는 용기를 내어 부모님이 함께 만나는 날, 부모님이 좋아하는 커피를 준비해 놓고 자신의 바람을 이야기했다. 울면서……. 그리고 기적 같은 일이 일어났다. 부모님이 그날 저녁에 화해한 것이다. 주현이는 이렇게 회상했다. "호정이는 이 모든 일이 자기 때문에 일어난 것이 아니라 나 스스로 만들어 낸 것이라고 해요. 하지만 그날 호정이가 나에게 조언해 주지 않았으면 좋은 일은 없었을 거예요. 어쩌면 제가 정말 큰 일을 저질렀을 것 같아요. 악몽 같은 일을요. 호정이는 제 생명의 은인인 또래 상담자라고 생각해요."

이 절에서는 현장상담 시스템의 하나로 또래상담에 대해 이야기를 하려고 한다. 현장상담 시스템이라 함은 상담전문가가 배치되지 않았거나, 전문가가 부족한 현장에 상담 기능이 발휘될 수 있는 조치를 취해 두는 것을 말한다. 이 용어는 본래 있는 용어가 아니라, 저자가 현상을 설명하기 위해 사용한 용어다.

또래상담이 현장상담 시스템이 되는 이유는 전문상담자가 턱없이 부족한 상황에서 상담 보조 인력이라 할 수 있는 사람들을 훈련시켜서 현장에서 예방활동, 문제 초기에 이미 형성되어 있는 대인관계 맥락에서의 개입, 그리고 전문가 또는 상담기관으로의 연계를 가능하게 하기 때문이다.

현장에서의 상담 기능이 자연 발생적으로 일어나기보다는 초보적인 수준의 상담훈련을 받은 구성원들이 모종의 조직을 구성하여 활동하도록 하며, 비교적 오랫동안 현장에서의 개입

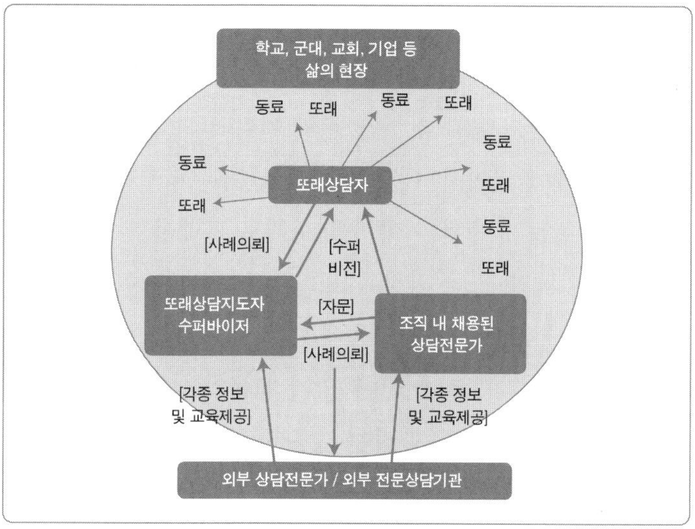

[그림 7] 현장상담 시스템으로서의 또래상담

을 수행하도록 지도하기 때문에 이를 시스템이라고 지칭했다.

또래상담은 현재 초·중·고등학교에서 가장 많이 활용되고 있고 대학교, 기업체, 교회, 성당, 소년원학교 등으로 적용이 확산되고 있다. 최근에는 젊은이들이 많이 모여서 국방의 의무를 수행하는 군상담에도 또래상담의 적용이 모색되고 있다.

1) 또래상담의 의미

'또래'란 생활현장을 공유하는 비슷한 연령의 사람들을 말한다. 또래의 범위는 연령대에 따라 다소 차이가 있다. 청소년 시기에는 2~3세의 차이가 민감하게 작용하는 특성이 있기 때문에 같은 연령의 친구들 또는 한두 살 많거나 적은 범위의 사람들이 또래가 되는 경향이 있다. 그러던 또래의 범위가 대학생이 되면 현역(군입대 전 대학생)과 예비역(군 제대자)으로 양분되는 경향이 있어서, 예비역은 1학년이든, 4학년이든 공통으로 공유하는 군생활 이야기를 토대로 또래를 형성하게 된다. 성인이 되면, 조금 과장된 표현으로 하자면, 여성의 경우 결혼 및 출산 후에는 자녀양육에 대한 이야기를 공유하게 되어 30대와 50대가 또래가 될 수 있기 때문에 상당히 또래의 폭이 넓어진다. 그래서 또래라는 말은 친구, 선후배, 동료 등의 의미를 포괄하고 있다고 할 수 있다.

또래상담에서 '상담'은 협의의 심리치료보다는 광의의 의미를 가진다(구본용, 구혜영, 이명우, 1994). 미국(Tindall, 1995)이나 캐나다의 경우(Carr & Saunders, 1998)도 또래상담에서 '상담'의 의미를 상당히 포괄적으로 소개하고 있다.

전문가들은 상담이라고 하면 자연스럽게 'Counseling & Psychotherapy'를 떠올린다. 그런데 이 단어가 상담으로 번역되면서 우리 사회에서는 약간의 혼선이 있다. '상담'이 가진 문자적 의미 때문에 '이야기를 나누는 행위'와 혼동하는 것이다. 그래서 서로 마주 앉아 이야기를 나누는 상황을 상담이라고 다소 광범위하게 해석한 것 같다. 그 결과 '상담'이라는 전문용어가 다양한 영역에서 활용되고 있어서 이른바 법률사무소의 '법률상담', 소비자신고센터의 '소비자 상담', 공인중개사무소의 '부동산 상담', 은행의 '재정상담' 또는 '출자상담', 심지어

대형마트나 백화점에도 '고객상담센터'가 있을 정도다. 상담이라는 용어가 주는 부드러움과 전문성 때문에 다양하게 차용되는 듯하다. 하지만 이런 혼란은 피하기 어려운 것이기도 하다. 본래 'counseling'이 가지고 있는 뜻에 '충고' '조언' '정보제공' 등의 의미가 포함되어 있기 때문이다. 따라서 그러한 관점에서 본다면 정보도 제공하고 조언도 해 주는 일련의 활동에 '상담'이라는 용어를 사용한다고 해서 크게 잘못되었다고 보기는 어렵다는 것이다. 요즘 들어서는 점차 활동에 맞는 용어를 정교하게 사용하기 시작해서인지 '상담'보다는 본래 활동에 맞게 '컨설팅'이라는 용어를 더 사용하는 추세인 듯하다. '법률 컨설팅' '부동산 컨설팅' '재정 컨설팅' 등이 그것이다.

그러면 또래상담에서의 '상담'이라는 용어가 광의의 의미로 사용된다는 것은 무슨 뜻일까? 또래상담은 비전문가의 조력활동이다(Varenhorst, 1984). 다시 말하면, 전문가가 아닌 비전문가를 활용한다는 것이다. 그렇다면 비전문가를 상담자로 양성할 수는 없는 것이다. 약간의 훈련을 통해 비전문가가 타인을 조력할 수 있도록 하려는 의도를 가지고 있기 때문에 '상담'이라는 용어를 사용했으나, '도움 주는 활동'이라는 광의의 의미를 가지는 것이다. '도움 주는 활동'은 우리 사회에 상당히 많지만, 그중에서도 상담적인 방법으로 도움을 주는 것이 또래상담에서 '상담'이 가지는 의미라고 할 수 있다.

결국 또래상담은 '훈련받은 사람이 생활현장을 공유하는 비슷한 연령대의 또래와 지지적인 관계를 맺고 도움을 주는 일련의 활동과정'이라고 정의할 수 있다(이상희, 노성덕, 이지은, 2004). 다시 쉽게 표현하면, 또래상담은 '약간의 상담훈련을 받은 사람이 그 훈련 내용에 기초해서 다른 사람을 돕는 것'이라고 할 수 있다. 이 개념에는 중요한 구절이 두 가지 있는데, 하나는 '훈련을 받았다.'는 것이고, 다른 하나는 '다른 사람을 돕는 것'이다. 또래상담에서는 이 두 가지를 모두 중요하게 여기지만, 특별히 '다른 사람을 돕는 것'에 더욱 비중을 둔다. 간혹 어떤 이들은 또래상담을 오해하여 집단상담처럼 훈련프로그램만을 사용한 후 또래상담을 했다고 이야기하기도 한다. 그러나 그것은 또래상담자 훈련프로그램을 집단상담처럼 활용했을 뿐이지 또래상담을 한 것은 아니다. 또래상담은 훈련과 함께 실제 '돕는 활동을 할 때'만 의미가 있다. 다시 말하면, 훈련받은 사람이 상담 활동을 하지 않으면 그것은 또래상담이 아니라는 것이다.

2) 또래상담자

또래상담자는 자신이 처한 삶의 현장에서 전문상담자의 지도 감독하에 비슷한 연령의 또래를 조력하는 활동을 하는 준상담자 또는 자원봉사자다. 또래상담자는 전문상담자가 아니다. 그러나 타인을 돕고자 하는 마음을 가진 사람이다. 좀 더 이상적으로 표현한다면, 또래상담자는 또래상담을 몰랐다 하더라도 누군가를 돕는 활동에 열정을 보이며 살 사람이다. 우리 사회에는 타인을 돕는 것에 열정을 품는 사람들이 있다. 어느 사회, 어느 조직을 보더라도 타인의 애경사를 앞장서서 챙기거나, 어려움에 처한 사람을 보면 팔을 걷고 도와주려고 하는 사람들이 있다. 어린이든, 청소년이든, 청년이든, 성인이든 이런 사람들은 어느 연령 어느 곳에나 존재한다. 그런데 경우에 따라서는 타인을 돕는다고 한 것이 결과적으로 자신에게도 해가 되고, 타인에게도 해가 되는 경우가 있다. 그래서 우리는 '사람 좋다'는 말이 정말 사람됨이 좋다는 뜻도 있지만, 그 이면에는 '어리석다'는 의미도 있다는 것을 알고 있다. 그래서 경우에 따라서는 '사람이 좋아서…….'라는 표현이 칭찬이 아닐 때가 있다. 남 돕기를 좋아하다 보니 가족을 못 챙기거나 남에게 이용당하는 결과를 초래할 때가 있기 때문이다.

하지만 타인을 돕는 태도는 우리 사회를 풍요롭게 하는 훌륭한 자산이다. 만약 누군가를 조력하기 좋아하는 사람을 발굴하여 효율적으로 타인을 조력하고, 결과적으로 자신에게도 이득이 되게 도울 수 있다면 전문가의 눈으로 위기를 경험하는 사람을 발견하기 전에 현장에서 문제 초기에 도움을 받도록 하는 효과가 있을 수 있다. 따라서 또래상담자란 '타인을 조력하는 데 관심이 있는 사람 중에 상담적인 방법으로 조력하는 훈련을 받고 다른 사람을 도와주는 활동을 하는 사람'이라고 할 수 있다.

3) 또래상담자 훈련

또래상담자 훈련은 집단프로그램 경험과 실제 연습으로 이루어지며, 집단상담프로그램과는 다소 다르다. 앞서도 언급했지만, 또래상담자 훈련프로그램은 준상담자 훈련프로그램이지, 집단상담프로그램이 아니다(이상희 등, 2004). 그래서 자기 자신을 이해하는 활동을 포함하여, 대화하는 방법과 효과적인 조력활동의 방법에 대한 것에 중점을 두게 된다. 이때 훈련 프로그램에 지나치게 의존하거나, 대단히 많은 내용을 전문적으로 습득하도록 하는 것은 그다지 효율적이지 못하다. 왜냐하면 또래상담자는 약간의 훈련으로 타인을 잘 조력하는 방법을 익히고 싶은 것이지, 상담학을 공부하고 싶어서 또래상담을 하는 것이 아니기 때문이다. 그리고 훈련받는 내용은 타인을 조력하는 데 활용 가능한 것이어야 하며 동시에 자신의 일상을 살아가는 데도 유익한 지식이어야 한다. 그래서 가장 효율적인 훈련프로그램이라면 적게 배우고도 많이 활용해서 조력활동에 도움이 되고, 자신의 삶도 윤택하게 하는 것이리라 생각한다. 여러 상담전문가들은 또래상담 훈련프로그램의 내용으로 '자기이해' '대인관계 향상' '의사소통 기술' '도움행동 배우기' 등을 소개하고 있다.

우리나라에서 활용되는 대표적인 프로그램은 한국청소년상담원의 프로그램이다. 한국청소년상담원의 프로그램에서는 '친한 친구되기 Friendship' '대화하는 친구되기 Leadership' '도움

주는 친구되기 Counselorship'이라는 컨셉트를 지식의 구조로 구성하여 초·중·고등학생 이상이 사용하도록 단계별 프로그램으로 구성했다(이상희, 노성덕, 이지은, 2000).

'친한 친구되기'는 '친구의 의미 인식' '친구관계 점검' '친구관계 증진'이라는 활동으로 구성되어 있다. '대화하는 친구되기'는 '경청연습과 공감하기' '의사소통의 걸림돌' '대화전략'이라는 활동으로 구성되어 있다. 그리고 '도움주는 친구되기'는 '도움주는 대화' '친구 사이 갈등 대처' '도움되는 활동들'로 구성되어 있다. 이 훈련 프로그램은 청소년용으로 개발되었기 때문에 청소년이 쉽게 기억할 수 있도록 몇 가지 전략을 개발하거나 재구성하여 포함시키고 있다. 〈표 10〉에도 나타난 것처럼 생기리전략, 어기역차전략, 잠하둘셋, 원무지계전략 등이 그것이다.

또래상담자 훈련에 빠질 수 없는 것이 실제 연습이다. 또래상담자 훈련은 집단상담프로그램처럼 회기로 운영된다. 보통 7~10회 정도의 회기로 구성이 되는데, 초기 1~2회기를 제외하고는 회기마다 돕는 활동을 축으로 하는 실습이 과제로 주어진다. 이때의 연습은 또래상담훈련을 담당하는 전문상담자의 민감한 지도와 감독을 받기 때문에 '안전한 실수'가 허용될 수 있는 연습이다. 하지만 실제 활동과 이어지는 것이기 때문에 매우 중요하다.

〈표 10〉 훈련 프로그램의 예: 한국청소년상담원의 단계별 프로그램

단 원	목표 및 내용
들어가기	1. 또래상담프로그램 오리엔테이션 2. 집단에 대한 친밀감과 신뢰감 형성
친한 친구되기	또래상담자들의 친구관계 증진과 인성적 측면 성장 • 친구의 의미 인식 • 친구관계 점검 • 친구관계 증진(타인의 관점 이해하기, 서로 존중하기, 다가가기 등)
대화하는 친구되기	상대방의 마음을 이해하고, 효과적인 의사소통으로 대화를 이끄는 방식을 습득 • 경청연습과 공감하기 • 의사소통의 걸림돌 • 대화전략(생기리전략, 어기역차전략, 잠하둘셋, 나-전달법)
도움주는 친구되기	또래 속에서 도움을 주고, 문제해결에 도움이 되는 전략 습득 • 도움주는 대화(원무지계전략) • 친구사이 갈등대처 • 도움되는 활동들
마무리	1. 배운 내용을 정리하며 느낀 점과 실행할 점 나누기 2. 프로그램의 내용과 진행에 대해 평가하기

4) 또래상담자 활동 및 수퍼비전

또래상담자 활동에 대해서는 지도자의 수퍼비전이 제공되어야 한다. 또래상담자들의 활동은 다양하다. 또래상담자들이 활동하는 장소가 어디인가에 따라 다양한 아이디어들이 적용될 수 있다. 대표적인 경우 몇 가지를 들면, ① 상담 활동, ② 정보제공, ③ 집단프로그램 운영, ④ 간단한 심리검사 제공, ⑤ 사랑의 우편함 운영, ⑥ 심리극 공연, ⑦ 학교 폭력 추방 캠페인, ⑧ 사랑의 단추 달아 주기, ⑨ 세자매제도 운영 등을 들

수 있다.

또래상담 활동이 특정 목적을 포함하는 경우는 그 목적을 대표하는 용어를 사용하기도 한다. 폭력이나 갈등 등의 문제를 중재하는 데 목적을 둘 경우는 'peer mediator', 학습 도우미는 'peer tutor', 도움 활동을 강조할 때는 'peer helper' 등이 사용되며, 이 외에도 'peer assistant' 'peer facilitator' 'peer ambassador' 'paraprofessional' 등이 있다(이상희 등, 2004).

많은 활동들이 있지만, 결국은 또래를 조력하는 활동이 주가 되어야 할 것인데, 이런 경우 또래상담자들을 정기적으로 모아 조력활동에 대한 수퍼비전을 제공해 주어야 한다. 수퍼비전은 또래상담자 수준에서의 효율적인 조력, 즉 나와 남에게 유익이 되는 조력 방법에 대해 관리해 주는 것에 초점이 맞추어진다. 전문적인 수준의 상담 활동을 하는 또래상담자가 있을 수 있으나, 초점을 그곳에 두면 다른 또래상담자들이 따라가기 힘들 수 있음을 고려해야 한다.

5) 현장상담 시스템으로서의 또래상담

현장상담 시스템으로서의 또래상담에 대해서는 이 장의 초반부에 이미 설명했다. 이 절에서는 학교현장에 시스템으로 정착하기까지의 과정에 대해 연구한 논문을 간단하게 소개하고자 한다.

노성덕(2007b)의 연구에 따르면, 학교에 또래상담이 하나의 시스템으로 정착하는 데는 [그림 8]과 같은 과정을 거친다. 이 그림은 근거이론의 패러다임 분석 모형에 기초하여 과정을 분석한 것인데, 내용을 간략히 살펴보면 다음과 같다.

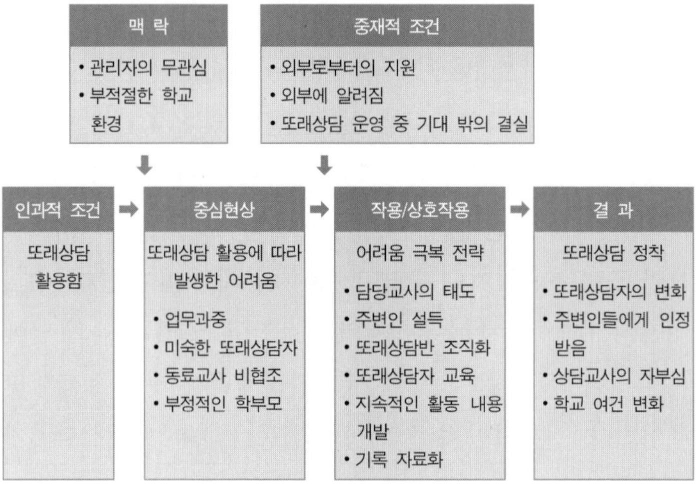

[그림 8] 학교 또래상담 정착 과정

또래상담의 강점을 알고 학교에 적용하려고 시도하는 교사는 그것 때문에 어려움에 직면하게 된다. 어려움의 내용으로는 교과 준비 이외의 '업무과중', 믿었던 또래상담자의 '미숙함', 동료교사의 '비협조' 및 학부모의 '부정적인 태도' 등이었다. 이러한 어려움을 더욱 가중시키는 것을 맥락이라고 하는데, 관리자인 교장 · 교감의 '무관심'과 활동하기에 도저히 '부적절한' 학교환경 등이었다. 또래상담 지도자인 교사는 이 어려움을 극복하기 위해 자신의 태도를 '긍정적'으로 바꾸고, 주변인들을 '설득'했으며, 또래상담반을 '조직화'하고, '교육'을 강화하였고, 또래상담자들만의 고유한 '지속 활동거리를 개발'하였다. 그리고 모든 '활동 기록을 자료화'하여 보관했다. 이런 노력이 '외부에 알려지면서' '외부로부터 지원'이 시작되고, 또래상담반을 운영하다 보니 '기대 밖의 결실'을 맺게 되었다. 기대 밖의 결실이란 좋은 활동을 하는 '또래상담자가 출현'하고, 또래상담자가 또래상담 활동으로 '수시 합격'하고, 학교와 교사 및 또래상담자가 '장관상을 수상'하는가 하면, 교육청으로부터 '칭찬과 표창'을 수여받고, 라디오, TV, 주요 일간지 등의 '언론에 소개'되는 것들이었다. 이런 것들이 상호작용하여 중심현상과 맥락을 변화시키고 또래상담이 정착하도록 했다.

이와 같은 또래상담 정착에 영향을 미치는 요인을 분석해 본 결과, '지도교사 요인'과 '또래상담자 요인'이 시스템 구축의 주체적인 요인으로 드러났고, '외부의 관심과 지지'라는 요인과 '가시적인 성과'라는 요인이 중요한 영향을 미치는 것으로 드러났다(노성덕, 2007a).

이러한 정보는 또래상담을 현장상담 시스템으로 정착시키고자 하는 전문가들이 자신이 처한 곳에서 어떻게 또래상담을 시스템화할 수 있는지에 아이디어로 활용할 수 있을 것이다. 또래상담을 학교에 정착시킨 교사들을 연구한 내용을 토대로 노성덕(2006)이 기술한 내용을 소개하고자 한다. 이것은 7개 학교 소속 교사들의 경험을 재구성하여 이야기처럼 서술한 것이다.

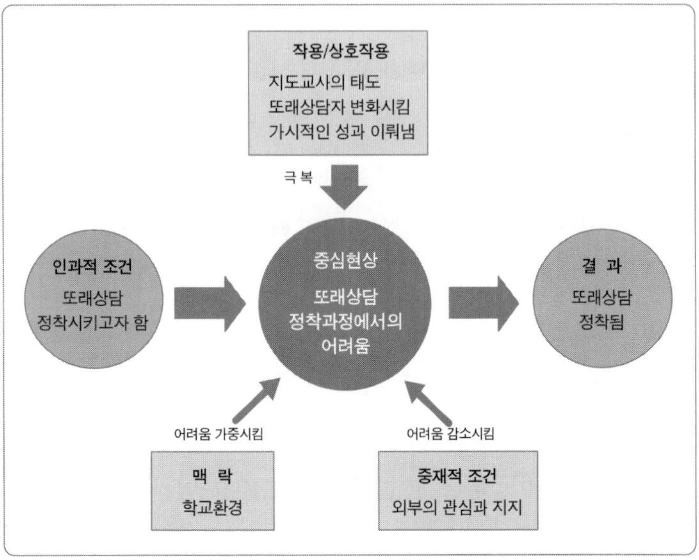

[그림 9] 고등학교에서 또래상담 정착에 영향을 미치는 요인

또래상담을 시작하다

학교에서 진로상담부장 또는 상담부 교사로 보직 발령을 받는 교사들은 학교상담실에서 학생을 상담하고 싶어 했다. 그러나 학교상담실은 이름뿐이지 제 기능을 발휘하지 못하고 있었고, 학생들은 찾아오지 않았다. '학생들은 상담실에 오지 않으면서 청소년기에 겪는 고민과 갈등을 어떻게 해결하는 것일까?' 의구심을 갖던 중에 학생들이 자신의 문제를 교사가 아닌 같은 또래 친구들에게 이야기하는 것을 발견하게 되었다. 다른 상황도 있었다. 교사들은 제대로 상담실을 갖추고 홍보하여 학생들의 문제를 해결해 보고 싶었다. 하지만 상담실을 잘 갖추려고 하니 이번엔 상담해 줄 인력이 턱없이 부족했다. 학생들이 오지 않는 것도 문제였지만, 몰려오는 것도 문제가 되었다. 그리고 정작 도움이 필요한 학생들, 소위 구석에 있는 학생들을 찾아가서 상담해야 하는데, 그것 역시 상담부장, 또는 상담부 교사의 힘으로는 할 수 없는 상황이었다. 이러한 상황에서 또래상담을 알게 되었다. 학교상담을 제대로 하고 싶었던 교사들은 또래상담 연수를 받자마자 상담을 시작하게 되었다.

■ 또래상담 활용이 어려움에 부딪치다

또래상담을 적용하고 싶은 상담교사들은 의욕적으로 또래상담을 시작하여 학교 교실을 돌아다니면서 또래상담에 대해 홍보하고, 학생들을 모집했다. 의외로 많은 학생들이 관심을 보였다. 이 학생들과 함께 또래상담자 훈련을 수개월에 걸쳐 실시하였다. 하지만 이 일은 결코 쉬운 일이 아니었다. 우선 교과를 가르쳐야 하는 교사로서, 수업을 준비하는 일도 만만치 않은 데다 각종 행정 업무를 병행해야 했기 때문에 시간이 부족했다. 그래도 성실히 하려고 했는데 업무가 지나치게 과중해지는 것을 느끼면서 힘이 들고 짜증이 났다. 학교 안에서 도움을 찾아보려 했으나 동료교사들은 몹시 비협조적이었다. 수업이나 반 운영에 도움이 되지 못한다고 생각을 한 것인지, 상담이 무엇인지 몰라서 그런 것인지, 동료교사들은 또래상담반 학생들을 모아서 활동을 하려고 하면 학생들을 보내 주지 않거나, 활동 중인 학생을 불러가기 일쑤였다. 똑똑한 학생들이 또래상담부에 지원하는 경향이 있는데, 또래상담부를 하기 위해 반장을 포기하면 반에서 나가라고 고함치기도 했다. 물론 모든 교사들이 다 그런 것은 아니었다. "애쓴다, 고생한다."라고 격려해 주는 교사도 있었으나, 좀 도와달라고 하면 냉담한 태도를 보이는 동료교사들이 많았다. 하지만 또래상담을 운영하는 교사들은 언젠가 내 마음을 알아주겠지 하는 생각으로 다투거나 싸우지 않고 이해하려 노력하고 물러서곤 했다. 이렇게 애정을 가지고 또래상담반 학생들을 훈련하고, 상담 활동을 시키려고 애썼는데, 선발을 잘못했는지 또래상담에 관심도 없고 모일 때마다 공부할 시간을 뺏긴다고 투정하는 또래상담자가 생기고, 마침내 또래상담을 못하겠다고 도중하차하는 또래상담자도 발생했다.

게다가 또래상담자가 가출하고, 불량한 행동으로 교사에게 적발되고, 지각이나 복장불량 등으로 선도에 걸려서 정말 속상하게 하는 또래상담자도 있었다. "네가 또래상담자냐? 너나 잘해라."라는 동료교사들의 지적을 들으며, '어떻게 하면 아이들이 제대로 자부심을 가지고 활동하게 할 수 있을까? 어떻게 하면 교사들의 마음을 얻을 수 있을까?' 하고 고민했다. 이러한 어려움이 계속되자, 학교의 관리자가 긍정적인 태도를 가지고 도움을 주면 좋겠다는 바람을 가지게 되었는데, 관리자는 무관심했다. 어정쩡한 태도로 도와주지도, 방해하지도 않는 태도를 보이곤 했는데 그것이 어려움을 가중시켰다. 그러다가 학급 담임교사나 학부모와 성적문제로 이야기라도 하면, "그런 거 좀 하지 마세요. 그냥 선생님 혼자 상담이나 하세요."라고 이야기하기도 했다. 하지만 이런 일은 학교가 진학과 취업 위주로 교과과정을 운영하는 데서 비롯된 일이기도 했기 때문에 이러한 사실을 잘 알고 있는 상담교사가 원망하고 낙담할 수만은 없는 일이었다.

어려움을 극복하기 위한 노력들

상담교사는 이러한 어려움들을 극복하기 위해서 전략을 구사하게 되었다. 우선 '나부터 성실한 태도를 보여야겠다.'는 마음으로 남들보다 먼저 학교에 출근하기 시작했다. 또한 어려운 상황이나 동료교사들의 비협조적인 태도에 부딪히면 '인내심'을 가지고 이겨 내기 위해 기다리기로 결심하기도 했다. 그러면서 시간이 되는 대로 동료교사들에게 또래상담에 대해 홍보하기도 하고, 나이 많은 선배교사가 언짢아하면 무조건 먼저 머리 숙이는 태도로 사과하고 넘어가기도 했다. 그러다가 동료교사들을 설득할 좋은 방법들을 알게 되었다. 학생 문제로 고민하는 동료교사에게 문제해결 방법에 대한 자료를 제공해 주거나, 동료교사의 자녀를 대상으로 심리검사를 실시해 주고, 자녀문제에 대해 정보를 제공해 주는 등 실질적인 도움을 통해 상담을 이해시키고자 했던 것이다. 이런 노력으로 상담교사들은 동료교사들의 협조를 얻어 내기 시작했다.

그리고 누구보다 학교 관리자를 설득시키는 것이 중요한 일임을 깨닫고, 관리자에게 필요성을 거듭 강조하고, 요즘 청소년들의 문제와 해결방안에 대한 면담을 하기도 했다. 그러나 그것만으로는 부족했다. 뭔가 가시적인 결과를 보여 주는 것이 필요했다. 그래서 또래상담 일지를 보여 주며 실적을 보고하면서 또래상담 활동의 유용성을 설명하고, 또한 학생들을 임명하는 임명식이나 이벤트를 만들어

관리자가 참석하도록 했다. 이런 노력으로 관리자의 관심을 조금씩 이끌어 낼 수 있었다.

상담교사들은 또래상담자 학생들을 변화시키는 데도 주력했다. 우선 제대로 활동할 수 있는 또래상담자들을 선발하기 위해 선발 시스템을 개발하고, 자부심과 책임감을 심어 주기 위해 임명식을 공식적으로 거행했다. 교장, 교감, 지역교육청 장학사, 경찰, 지역상담기관장, 상담교수, 학부모 등을 초빙하기도 했고, 선배들이 축가를 부르고 조촐한 파티도 열었다. 또 지속적으로 활동할 토대를 마련하기 위해 또래상담반을 조직하고, 또래상담자 간 결속력을 다지기 위해 멘터, 자매, 마니또 제도 등을 도입하기도 했다. 하지만 이러한 일을 모두 감당하기엔 상담교사의 여력이 부족했다. 이런 일은 지역에 있는 청소년상담기관의 협조가 없다면 어려운 일이었다. 그런데 다행히 지역의 청소년상담기관에서도 청소년 대상으로 사업을 펼쳐야 하기 때문에 또래상담반을 운영하면서 어려움을 겪는 상담교사의 도움 요청에 매우 적극적으로 응해 주었다. 훈련도 시켜 주고, 전문상담자를 학교에 보내 주고, 다과를 준비해 주고, 또래상담자를 위한 캠프도 개최해 주었다. 지역 청소년상담기관의 노력으로 기초자치단체장이 또래상담자 임명장을 수여하기도 했다.

상담교사는 또래상담자를 지속적으로 관리하는 데 눈을 돌리게 되었다. 지속 교육과 수퍼비전을 실시하다가 또래상담자들 역시 많은 일로 소진될 수 있음을 깨달았다. 그래서 과도한 활동 계획을 점차 줄여 가고, 또래상담자들을 상담해 주면서 학교 내에 영향력을 끼칠 수 있으면서 또래상담반이 지속적으로 운영할 활동 내용을 개발하게 되었다. 면대면 혹은 찾아가는 상담 활동 외에 시간적 제약을 줄일 수 있는 이메일 상담, 홈페이지 게시판 상담을 운영하였고, 이벤트로 사랑의 우편함, 사례발표회, 세미나 개최, 사이코드라마

공연 등을 하게 되었다. 그리고 1학년 신입생 전체를 대상으로 학교 적응을 돕기 위한 집단상담을 또래상담자들이 하게 되었는데, 이것이 학교에 미치는 영향은 대단했다. 집단상담할 때 만난 후배들을 졸업할 때까지 관리하는 시스템을 만든 교사도 있었다. 관리라고는 하지만 늘 신경을 쓰기보다는 어려운 일 있을 때 찾아오도록 하고, 학교 내에서 마주치면 반갑게 인사를 나누는 등의 활동이었는데, 이러한 것만으로도 후배들에게 많은 도움이 된다고 평가를 받았다. 이러한 활동만 하고 지나치는 것이 아쉬워서, 활동한 것을 토대로 수퍼비전해 주려고 모든 활동을 기록으로 남겼다.

그런데 뜻밖의 일들이 학교 안팎에서 벌어졌다. 학교 내에서 또래상담 활동을 하던 또래상담자들이 기대 이상의 효과가 있기 시작한 것이다. 또한 성적이 부족한 학생이 또래상담 활동 실적으로 좋은 대학에 진학하기도 했다. 담임교사와 관리자들은 수시전형에 또래상담 활동을 기술하기 위해서 공부를 잘하는 학생을 또래상담자로 활동시켜야 한다며 농담반 진담반으로 이야기하게 되었다.

그러던 어느 날, 도교육청 장학사가 학교를 방문하였다. 학교 분위기가 무척 좋다면서 이야기를 나누다가 또래상담자들의 활동을 발견하고 장학사는 이를 교육청에 보고했다. 그래서 교육감 표창을 받고, 교육청에서 사례발표를 하게 되었다. 이렇게 학교의 또래상담반이 외부에 알려지기 시작하여 교육인적자원부 총리와 문화관광부 장관이 주는 표창을 받게 되었고, 전혀 예상하지 못했는데, 각종 TV와 주요 일간지에 학교와 상담교사가 소개되고, TV에 또래상담반이 직접 출연하기도 하는 등, 상담교사 입장에서 보기에 그야말로 '하루아침에 뜬 스타 같은' 상황이 벌어졌다. 이런 일들은 상담교사가 학교 관리자와 동료교사들의 이해를 끌어내고, 또래상담자들로 하여금 자부심과 책임감을 가지도록 하는 데 중요한 역할을 했다고 보인다. 이런 뜻밖의 일들은 우연히 얻어진 것이라기보다는 학교에서 또래상담을 제대로 활용해 보려고 애쓴 참여자들의 노력에 대해 '하늘이 보태준 힘'이라고 생각되었다.

■ 또래상담 활용으로 발생한 어려움의 극복 결과

이렇게 상담교사가 노력한 결과, 또래상담자들에게 변화가 일어났다. 또래상담 활동을 재미있어 하고, 또래상담하는 것에 대해 자부심을 가지게 되었다. 또한 학교생활에서 모범적인 태도가 늘어나고, 이런 태도는 가정으로까지 이어지기도 하였다. 또래상담 활동을 하면서 친구들에게 좋은 이야기를 해주기 위해서인지(이런 부분에 대해서는 또 다른 연구가 필요하다고 또래상담 교사들은 말한다.) 자기관리를 잘하게 되고, 자기표현력도 발달하는 것을 보게 되었다. 그리고 무엇보다 또래상담자들이 상담 활동을 효과적으로 수행하게 되었다. 물론 청소년이기 때문에 상담전문가들처럼 학생들의 문제를 해결해 주는 것은 아니었지만, 때로는 상담전문가가 필요 없는 것은 아닐까 하는 생각이 들 만큼 상담을 잘하기도 했다. 또래상담자들은 구석에 있는 친구들을 찾아내어 도와주고, 어떤 경우는 가정방문을 해서 친구와 부모를 돕기도 했다. 이런 노력 때문인지 학교에 선후배 간에 도와주는 좋은 문화가 형성되었다고 평가받기도 했고, 어느 참여자는 '왕따 없는 학교'를 만드는 데 일조했다는 평가를 받기도 했다.

그러면서 또래상담이 주변인들로부터 인정받게 되었다. 재단에서도 관심을 가지게 되었고, 관리자는 상담교사를 '우리 학교 보배' '학교의 영예'라고 칭찬하기도 했다. 동료교사들 역시 또래상담자들을 칭찬하고 인정하여 담임교사는 상담이 필요한 학생을 또래상담자에게 의뢰하기도 했다. 또 학부모들이 직접 상담교사에게 전화해서 또래상담자에게 자녀상담을 부탁하기도 했고, 직접 찾아와서 감사표시를 하기도 했다. 그렇게 되자 또래상담자 부모들도 중요한 행사가 있을 때 다과를 준비해 주거나 밑반찬을 챙기는 등 지원을 해 주기도 했다.

처음 또래상담을 시작할 때는 학교 여건이 좋지 않았다. 그런데 학교에서 상담실을 제공하고, 예산을 지원하게 되었으며, 상담교사가 지속적으로 또래상담반을 관리하도록 임하여 상주하도록 하고, 담임을 면제시켜 주기도 하며, 추가인력을 배치해 주기도 했다. 연임이 어렵게 된 경우, 상담교사는 동기가 있고 관심이 있는 다른 교사에게 인수인계를 하고 뒤에서 힘이 되어 주는 역할을 하기도 했다. 다른 보직으로 옮겨서 다른 사업을 진행하게 되어 마땅히 물려줄 교사를 찾지 못해서 학생들에게 맡긴 상담교사도 있었으나, 면담에 응한 교사 중 네 명은 7년 이상 지속적으로 또래상담반을 학교의 허락으로 관리하게 되었다. 현재로선 특별한 경우이지만, 한 상담교사의 학교에서는 학년 초에 동아리를 선발할 때 또래상담반을 먼저 선발하도록 하고, 선발이 끝나면 본격적으로 동아리 신입회원을 선발하게 해 주고 있다. 우수한 학생을 또래상담반이 먼저 선발하도록 하기 위한 학교의 배려다. 또한 반을 나눌 때 또래상담자들을 따로 빼놓고 반을 편성한 후, 별도의 수작업을 거쳐 또래상담자들을 나중에 분반하는데, 이것은 또래상담자가 한 반에 몰리지 않도록 학교에서 배려하는 것이다.

이처럼 상담교사들의 노력의 결과로 또래상담자들의 자질이 향상되고, 자치적으로 운영될 수 있는 조직으로 성장하게 되었으며, 학교 관리자와 동료교사 및 학부모의 관심을 이끌어 내어 또래상담반이 학교 내에 정착하게 되었다.

3 찾아가는 상담의 과제

1. 공공서비스로서의 상담의 확대

상담과 심리치료 서비스는 사회가 선진화되거나 민주화되지 않으면 실행되기 어렵다. 따라서 저자는 한 사회에서 상담과 심리치료가 얼마나 자연스럽게 가능한가 하는 것은 민주화 정도나 선진국 진입 정도를 평가하는 중요한 척도 중 하나라고 생각한다. 상담과 심리치료는 집단이 아닌 한 개인에 대해 집중적이면서도 정성을 다해 제공되는 최상의 서비스이기 때문이다. 개인의 존재 가치와 인권을 고려하지 않는다면 상담 활동은 존재하기 어렵다. 그러므로 상담과 심리치료를 받는다는 것은 개인이 가지는 심리적 고통을 집단의 이익을 위해 '인내심'으로 참으라거나 '이를 악물고' 잊으라는 식의 개인 희생적 방법과는 대조되는 것이다. 적어도 우리나라는 '개인이 희생하라'는 식의 논리가 비판 없이 수용되던 시절은 이미 오래전에 벗어났다. 그리고 개인이 자기 삶의 가치와 의미 그리고 보다 더 행복한 삶을 추구할 권리를 이미 법으로 보장하고 있다. 그러면서 자연스럽게 상담이라는 활동이 자리매김하였고, 각 대학원마다 상담 전공을 개설하였다. 최근에는 학부 수준의 학과로까지 개설되어 매년 많은 상담자들이 배출되는 나라가 되었다.

그러나 아무리 사회가 민주화되어도 '먹고 사는 문제'가 해결되지 않으면 비싼 비용을 들여 상담을 받으러 가기는 어렵다. 돈 없으면 병원에 가기 어려운 것과 같은 이치다. 눈에 보이는 상처가 확연한데도 돈이 없어 의료 제공을 받지 못하는 환자를 방치해 둘 수 없기 때문에 오래전부터 국가가 나서서 의료서비스를 지원하기 위해 많은 예산을 투자해 왔다.

하지만 상담을 제공받아야 하는 대상자들은 그 상처가 눈에 잘 보이지 않는다. 그래서 '꾀병'이라거나 '심약하다'는 소리를 들으며 조용히 알아서 극복하거나, '미쳤다' '귀신 들렸다'는 등의 이유로 사회에 큰 피해를 끼친다는 오해를 받으면서 삶의 뒤안길로 사라져 가야만 했다. 이런 측면에서 볼 때 국민 대다수가 소위 '살 만해지고', 적어도 '먹고 사는 것'에 대해 불안해 하지 않는 정도는 되어야 상담과 심리치료가 자연스러워지는 것이다. 이렇기 때문에 상담은 사회가 민주화되고 선진화되어 가면서 한 개인의 가치와 존엄성을 현실적으로 인식하고 해결책을 탐색할 때 가능하다고 주장하는 것이다.

하지만 '먹고 살 만한 사회'에서도 '쉽게 상담료를 감당하기 어려운' 사람들이 있기 마련이다. 그것은 선진국에서도 국가가 의료서비스를 감당해 주지 않으면 안 되는 사람들이 상당수 존재하는 것과 마찬가지다. 국가가 나서서 조력하지 않으면 스스로를 구제하지 못하는 사람에게 서비스를 제공하려는 관심과 노력은 꾸준히 증가되어 왔다. 특히 의료나 사회복지, 장애우에 대한 특수교육 등의 영역은 괄목할 만한 체계를 갖추고 막대한 예산을 투입하고 있다. 하지만 상담은 눈에 쉽게 보이지 않는 아픔을 위한 것이므로 상대적으로 국가의 지원이 더딘 편이다.

우리나라에서는 1990년대에 이르러서야 심리적 고통을 호소하면서도 자력으로 해결할 수 없는 대상자들을 위해 상담을 공공서비스 영역으로 포함시켰다. 현재 우리나라에서는 청소년 상담 영역이 가장 발달해 가고 있는 공공서비스로서의 상담이다. 공공서비스로서의 청소년 상담은 시작 초기부터 빈곤을 포함하여 위기청소년에 대한 상담서비스 제공을 수행해 왔다. 그러나 최근 이창호, 김동일, 노성덕, 최수미, 김상수(2007) 등의 연구에 따르면, 청소년 상담기관에서 센터를 방문할 수 없는 위기청소년들을 찾아가서 상담하기에는 제반 여건이 턱없이 부족하다. 위기청소년은 백만 명을 선회하고 있으며 더욱 증가추세에 있고, 저출산 고령화 사회로의 진입은 진행되고 있는데, 상담기관을 설치한 지역은 240여 지방자치단체 중 140여 개에 불과하다(한국청소년개발원, 2007; 한국청소년상담원, 2007). 그나마 기초자치단체인 시 · 군 · 구의 경우, 상담전문가 배치는 평균 2명을 넘지 못하고 있는 실정이다. 그러므로 위기청소년과 그 가족에게 상담을 공공서비스로 제공하기 위해서는 국가와 지방자치단체의 기반 확충에 대한 적극적인 관심과 노력이 필요하다. 아울러 공공서비스로서의 상담 제공에 참여하는 상담자들은 전문가를 찾아오지 않는 위기청소년을 발굴하여 건강한 사회의 구성원으로 성장해 가도록 찾아가서 지원하는 일에 더욱 힘을 모아야 할 것이다. 저출산 고령화 사회가 가속화되는 상황을 감안할 때 이와 같은 노력은 결국 지역사회와 국가를 위하는 일이 될 것이다.

2. 찾아가는 상담전문가 교육

1) 찾아가는 상담전문가 양성 교육과정 개발 노력

향후 찾아가는 상담의 중요한 과제 가운데 하나는 전문가 양성을 위한 노력이다. 이제까지 몇몇 개별 영역에서 '교육을 실시'하는 시도는 있어 왔으나 이를 체계적으로 개발해서 적용하고자 하는 노력은 부족했다. 상담전문가 양성의 산실이라 할 수 있는 대학원의 상담전공 관련 교육과정에서도 찾아보기 어렵다.

서울대학교 교육학과 상담전공의 경우 석사과정의 '상담현장 실습 1', 박사과정의 '상담현장 실습 2' 및 '상담학의 최근 동향과 쟁점' 과 '청소년비행 및 약물상담' 교과목에서 여지를 살필 수는 있으나 실제로 찾아가는 상담의 형태에 대한 수업이나 훈련은 교수 재량이지, 교과목으로 만족시킬 수는 없는 한

〈표 11〉 서울대학교 대학원 교육학과 상담전공 교과목

석사과정	박사과정
• 상담윤리 · 법 · 제도 • 상담이론 • 상담연구방법론 • 상담기법 • 교육, 심리검사 및 진단 • 진로 및 직업상담 • 집단상담 • 상담현장 실습 1	• 청소년비행 및 약물상담 • 집단상담 및 교육프로그램 개발 • 상담교육 및 수퍼비전 실습 • 상담연구 세미나 • 상담학의 최근 동향과 쟁점 • 직업심리학과 상담 • 상담현장 실습 2 • 상담교육 및 수퍼비전 • 집단상담 실습

출처: http://learning.snu.ac.kr/~counsel

계를 가지고 있다.

대학원의 석사과정은 상담자 양성이라는 목적에 충실해야 하겠지만, 박사과정에서는 새로운 지식을 창출하기 위한 시도들이 있어야 한다고 본다. 그런 점에서 '상담학의 최근 동향과 쟁점'이라는 교과목은 상당히 의미 있는 과목이라고 보이지만, 앞서 언급한 것처럼 교수 재량이라는 한계를 가질 수밖에 없을 것이다.

이화여자대학교 심리학과 상담전공의 경우 '상담의 제 문제' '상담 및 임상현장실습' 과목에서 찾아가는 상담을 다룰 수 있다고 보인다. 그러나 이 역시도 교수 재량이다.

서울대학교 교육학과와 이화여자대학교 심리학과의 경우 일반대학원 교과과정을 살폈기 때문에 학자를 양성하는 데 그 목적이 있다고 이야기할 수 있을지 모르겠다. 그렇다면 현장

〈표 12〉 이화여자대학교 대학원 심리학과 상담전공 교과목

분 류	교 과 목
상담이론 관련	• 상담 및 임상심리이론* • 정신병리학 • 고급상담이론 • 상담이론세미나 • 인지치료
상담연구 관련	• 상담 및 임상심리학 연구방법* • 상담의 제문제 • 상담 및 임상심리학 개인연구
상담실습 관련	• 집단상담이론과 실습 • 상담기법 • 상담교육실습 I • 상담교육실습 II • 상담 및 임상현장 실습 • 상담사례연구 • 상담자교육 및 수퍼비전
상담 영역별	• 진로발달 및 상담 • 발달상담연구 • 집단치료 • 직업상담 • 가족치료 • 정신분석치료 • 여성상담연구
심리검사	• 개인심리검사 * 필수과목

출처: http://home.ewha.ac.kr/~psych/grad_counseling.htm

전문가 양성을 지향하는 상담대학원의 경우는 어떠한가? 전주대학교 국제상담대학원의 아동 · 청소년 상담전공은 상담대학원으로서는 우리나라에서 거의 최초라 할 수 있을 만큼 이른 시기에 개설되었다. 과목 중 '상담현장체험'과 '주제별 세

〈표 13〉 전주대학교 국제상담대학원 교과과정

분 류	아동 · 청소년	결혼 · 가족	진로
공통과목	상담이론 및 원리(3), 집단상담(3), 심리검사(3), 상담실습(3)		
전공필수	전공 상담이론(2) 교육프로그램 개발(2)	전공 상담이론(2) 교육프로그램 개발(2)	전공 상담이론(2) 교육프로그램 개발(2)
전공선택	상담연구(2), 주제별 세미나(2), 평가와 진단(2), 상담현장체험(2)		
전공필수	전공 상담의 실제(2)	전공 상담의 실제(2)	전공 상담의 실제(2)
전공선택	이상심리(2), 학업상담(2), 발달심리(2), 발달장애(2)		
논문지도	논문Ⅰ, 논문Ⅱ, 논문Ⅲ		

출처: http://counseling.jj.ac.kr

미나'에서 실제 현장에서 활용이 활성화되는 새로운 영역과 방법들에 대해 논의할 수 있는 여지가 있다. 그러나 앞서 보았던 다른 교과과정의 형편과 크게 다르지는 않다.

현재의 대학원 교과과정에 '찾아가는 상담' 같은 특정 주제별 교과목을 개설하는 것을 기대하기는 어려울 것이다. 왜냐하면 특정 주제별로 교과목을 구성할 수 있을 만큼 수업을 진행할 시간이 넉넉하지 않기 때문이다. 그렇기 때문에 오히려 특정 교과목보다는 현장의 문제나 새로 대두되는 개입방법 등을 살피고 논의할 수 있는 개연성 있는 교과목들이 바람직할지도 모르겠다.

이러한 관점에서 본다면, 앞의 대학원에서 개설하고 있는 개연성 있는 교과목들을 개설하여 찾아가는 상담의 내용들을 포괄하도록 할 수 있다면, 찾아가는 상담자 양성이나 또는 찾아가는 상담이라는 방법을 정책적으로 지원하는 안목을 가진 사람을 배출하는 효과가 있을 것이라 여겨진다. 세 개 대학원 교과목에서 개연성 있는 몇 과목을 간추려 보면 다음과 같다.

- 상담학의 새로운 동향과 쟁점
- 상담의 제 문제
- 상담현장실습: 상담현장체험, 상담 및 임상 현장실습
- 주제별 세미나

이런 노력은 꼭 '찾아가는 상담' 만을 위해서라기보다는 향후 상담 영역에 새롭게 대두될 다양한 시도들과 새로운 영역 창출을 위해서도 꼭 필요한 일이라고 보인다. 그러므로 개연성 있는 교과목을 신설하여 대학원에서 새로운 영역을 탐색하고, 지식을 축적하고자 하는 노력이 있어야 할 것이다.

대학원의 교과과정 외에 실제 필요에 따라 임시로 구성되는 교육과정도 있다. 아웃리치의 경우는 윤현영 등(2006)이 국가로부터 수탁 받아 『아웃리치 자원봉사자 교육』을 실시하였다. 그 교육과정을 보면 대체로 가출청소년 관련 내용과 거리상담 기초 내용을 담고 있다. 그리고 이론교육과 실습교육을 병행하여 실제 아웃리치를 구성하고 실행하게 함으로써 이론교육의 내용을 즉각적으로 현장에서 적용하는 기회를 주고 있다는 것이 이 교육의 장점이라 할 수 있다. 하지만 국가로부터

〈표 14〉 아웃리치 자원봉사자 교육안

이론교육		
구 분	주 제	세부 내용
첫째 날	청소년 가출의 최근 동향	각 기관별 통계(수, 연령 등)
	가출청소년의 특성, 기관의 특성	환경적 특성: SES, 개인적 특성
둘째 날	청소년의 건강	심리・신체, 성, 약물
	거리상담의 이해	필요성, 목적, 방법, 절차, 주의점
	청소년 관련 법	
셋째 날	가출청소년의 문화와 생존전략	가출 유입 경로, 아르바이트, 성매매 등
	비행	가정폭력, 학교폭력, 성폭력

실습교육	
주 제	세부 내용
상담기법/ Roleplaying	공감, 직면, 접근 방법
사례관리	유형별 특성, 요구사정 방법
위기개입	연계 기관, 주의점
기관방문	보호시설, 이용시설 등

수탁 받아 진행되다 보니 지속적인 양성교육으로 이어지지는 못했다. 이것은 무척 아쉬운 일이 아닐 수 없다.

청소년동반자 프로그램의 경우 한국청소년상담원에서 신규 청소년동반자와 기존 청소년동반자에 대한 직무연수를 제공하고 있다. 이 교육프로그램은 선택 워크숍과 분임토론을 특징으로 한다. 그것은 아마도 이미 기본적인 상담 교육을 마친 사람들을 선발했음을 전제로 제공되는 교육이어서 특정 문제에 대한 교육을 모두에게 실시하기보다는 본인이 부족하거

〈표 15〉 청소년동반자 교육프로그램

신규 청소년동반자 직무연수		
구 분	주 제	비 고
첫째 날	은둔형 부적응 청소년의 이해	
	부모개입	※ 선택 워크숍
	학교폭력	
	비행문제	
	학업중단	
둘째 날	전산 시스템의 이해	
	청소년동반자 활성화 방안	※ 분임토론
	지역사회청소년통합지원체계 활용 방안	
청소년동반자 직무연수		
구 분	주 제	비 고
첫째 날	위기청소년 사회안전망 구축정책	
	CYS-Net에서의 청소년동반자	
	청소년동반자의 역할 및 직무	※ 선택 워크숍
	사례 관리	
	위기가정과 가정폭력	
	학업중단	
둘째 날	수퍼비전(전일)	※ 선택 워크숍
	연계 활용 전략(시간)	
	현장상담(시간)	
	청소년 복지 및 지원체계의 이해	

나 더 필요하다고 생각하는 특정 문제를 선택하도록 하기 위한 것으로 보인다. 이 교육프로그램을 보면 청소년동반자들에게 신규이거나 기존인 경우에 관계없이 '연계지원'을 제공하는 것으로 보아 청소년동반자들이 지역사회 내 자원을 활용하는 능력을 강화시키고자 하는 의도가 있는 것으로 보인다.

김계현(1997)은 아웃리치 자원봉사자 교육과 같은 형태로 단기간의 교육을 통해 특정 실무 영역을 담당할 보조 인력 양성을 '상담 준전문가 paraprofessional 양성교육'의 관점에서 제안하였다. 김계현은 이런 양성 교육을 받은 상담 준전문가를 "상담전문가로서의 면허 혹은 공인된 자격증을 취득하지는 않았으나 상담에 관한 소정의 교육을 받았으며 상담 실무에서 소정의 기능, 즉 일을 수행할 수 있는 사람(김계현, 1997, p. 421)"이라고 정의하였다. 김계현이 예로 제시한 준전문가 교육은 1990년대에 양성되었던 중등학교의 교도교사(당시 180시간 교육 이수)다. 교도교사제도는 전문상담교사가 실시되기 이전에 교과 담당교사에게 단기간 교육을 실시한 후 학교에서 교과교육 외에 생활지도, 예방, 심리교육 등을 수행하도록 했던 제도다. 그러나 준전문가 양성 교육이라 하더라도 90시간도 채 안 되는 교육을 실시하거나, 또는 90시간 이상의 교육을 시켰어도 실습교육이 전문한 경우는 준전문가로 인정하기 어렵다고 주장하였다. 찾아가는 상담자를 양성하고 교육할 때 준전문가 교육의 관점도 필요하다고 본다. 그렇다고 지금 찾아가는 상담자를 준전문가로 하자는 이야기는 아니다. 기존 상담전문가가 인지치료 전문가가 되기 위해서는 '인지치료 전문가 교육과정'을 별도로 이수해야 한다. 또는 인지치료 전문가가 현실요법 전문가가 되기 위해서는 '현실요법 전문가 과정'을 별도로 경험해야 한다. 마찬가지로 기존 상담전문가가 찾아가는 상담전문가가 되려면 '소정'의 교육을 이수하도록 하면 된다. 이때 교육의 내용이나 이수시간을 어떻게 정하느냐 하는 것은 준전문가 양성의 관점과는 다르다. 하지만, 찾아가는 상담 영역에서는 준전문가 수준의 사람이 수행할 수 있는 업무들이 상당히 많다고 보인다. 그렇다면 준전문가 수준의 양성 교육도 고려해볼 수 있다. 그러므로 찾아가는 상담자 양성 교육이 향후 모색된다면 전문가에게 소정의 교육을 더하는 방향과 함께 준전문가를 양성하는 방안도 함께 고려되어야 할 것이다.

앞에서 살펴본 것과 같이 현재 찾아가는 상담자를 양성하고 지속적으로 훈련시키는 교육프로그램은 지극히 초보적인 상태다. 따라서 대학원 교과과정에서 우리 사회에 대두되는 중요한 상담개입에 대해 살펴보고, 더 나아가 대학원이라는 학문의 전당에서 향후 필요한 개입방법들을 모색하고 제시할 수 있는 교과목이 개설되는 것이 필요할 것이다. 뿐만 아니라 찾아가는 상담론에 대한 각종 양성 교육과 보수교육, 특정 기법을 배우는 심화교육, 일부 기능을 수행할 수 있는 준전문가 paracounselor 양성 교육 등이 활성화된다면 대학원 교과과정과 상호 보완하면서 상담학 발전의 토대가 될 것이다.

2) 찾아가는 상담에 대한 수퍼비전

찾아가는 상담은 실시 후 그에 적합한 수퍼비전이 필요하다. 그런데 사실 찾아가는 상담이라는 현상에 초점을 두고 진행되는 수퍼비전은 드물다. 최근에 또래상담자에 대한 수퍼비전이 실시되고 있거나, 찾아가는 상담전문가인 청소년동반자의 개입에 대한 수퍼비전 지침이 마련되어 있는 정도일 뿐이다. 그러다 보니 기존 상담 수퍼비전의 틀을 가지고 찾아가는 상담을 지도 감독하려고 하면 몹시 당황하게 된다. 당황하는 것은 수퍼바이저나 수퍼바이지 모두 마찬가지다.

청소년동반자의 경우 여느 수퍼비전과는 다른 특성들을 가지고 있는데, 정확한 문제 파악에 대한 지도와 위험요인/보호요인 파악 여부 점검, 통합적 개입목표 등을 중요하게 다룬다는 점이 독특하다고 할 수 있다(지승희, 송미경, 배주미, 2006). 청소년동반자는 찾아가는 상담을 실행하기 때문에 '현장에서 대상자에게 적합한 서비스를 연계 지원을 통해 통합적으로 제공한다.'는 특성을 전제로 수퍼비전이 제공된다. 그래서 정확한 문제 정의(identification), 위험요인/보호요인 분석, 통합적 개입목표, 개입전략 구성 등을 마치 구조화된 틀인 것처럼 살피게 된다. 그러나 이 수퍼비전 체크 포인트도 좀 더 청소년동반자 활동에 비추어 다듬어질 필요가 있다고 본다. 이 또한 향후 중요한 과제가 될 것이다.

또래상담의 경우도 또래상담 활동에 대한 점검이나, 또래

〈표 16〉 청소년동반자 수퍼비전 체크 포인트

체크 포인트
1. 위기청소년의 문제를 정확히 파악하였는가?
2. 영역별 위험요인/보호요인을 잘 파악하였는가?
3. 개인별 맞춤형 통합적 개입목표를 설정하였는가?
4. 목표 달성에 적절한 개입전략을 구성하였는가?
5. 개입의 성과는 무엇인가?
6. 중간평가가 적절하게 이루어졌으며 그 결과가 반영되었는가?
7. 개입의 효과성을 높이기 위해 현재와 다르게 해 볼 수 있는 것이 있는가?
8. 종결평가가 적절하게 이루어졌으며 그 결과가 반영되었는가?

상담을 운영하는 지도자에게 제공되는 자문과 같은 수퍼비전이 있다(김계현, 2002). 그러나 자문 또는 점검 차원의 것이라고 해도 정리된 모형이나 평가가 가능한 형식은 없다. 따라서 수퍼비전은 진행하지만, 정리된 수퍼비전 모델은 없다고 말할 수 있을 것이다. 하지만 또래상담은 애초에 수퍼비전 체계를 가정하고 만들어졌다(김계현, 2002). 왜냐하면 또래상담자들의 활동에 대해 또래상담지도자가 수퍼비전을 해 주도록 하고 있고, 또래상담지도자에 대해서는 또래상담전문지도자가 수퍼비전을 제공하도록 하고 있기 때문이다. 게다가 또래상담전문지도자에게는 지역사회 청소년상담 기관에서 지도와 자문을 제공해 주고 있기 때문에 수퍼비전이 체계를 갖추고 있다고 할 수 있다.

그런데 문제는 또래상담 수퍼비전의 과정과 내용이다. 금명자, 장미경, 양미진, 이문희, 김은영(2003)은 또래상담자 수퍼비전 과정이 전문상담자를 수퍼비전하는 과정과는 차이가 있다고 했다. 또래상담자에게 내담자의 문제에 대한 진단과 평가, 그리고 전문적인 상담기술들에 대한 철저한 습득을 요구할 수 없기 때문이다. 그러면 무엇을 수퍼비전해야 하는가? 금명자 등은 좀 더 좋은 또래상담자가 되기 위해서 자신에 대한 이해를 촉진시키고 어려움에 처한 친구의 편안하고 친한 친구되기, 대화할 수 있는 친구되기, 도움 주는 친구가 되도록 하는데 초점을 맞추어야 한다고 제안하고 있다. 그러나 이런 제안도 다소 애매한 점이 있다. 왜냐하면 좋은 친구가 되도록 초점을 맞춘다는 것은 의미가 있기는 하지만, 굳이 또래상담이 아니어도 좋은 친구가 되는 것을 지도할 필요가 있기 때문이다. 그렇다면 어떤 '활동'에 초점을 두어야 하는가? 김진희, 이상희, 노성덕(1999)은 또래상담자가 다양한 문제 장면을 접하면서 어려움에 직면하기 때문에 여기에 수퍼비전의 초점이 맞추어져야 한다고 주장하였다. 김진희 등은 또래상담자가 겪는 어려움이 없는지 살피고, 또래상담자의 심리적 불편감을 덜어주고 문제 사태에 효율적으로 대처할 수 있도록 지도해 주는 것이 필요하다고 지적했다. 이런 맥락에서 또래상담자를 수퍼비전하는 방법으로 '활동 경험 나누기 및 지도' '선배또래상담자의 자문 받도록 하기' '간접사례 활용하여 역할연습하기' '주제별 토론' 등을 제안하기도 하였다. 그러나 또래상담 수퍼비전의 내용이나 과정에 대한 보다 더 진보된 견해나 주장은 나타나지 않고 있는 것으로 보인다.

결국 청소년동반자 외에 그 밖에 찾아가는 상담에 대해서는 수퍼비전 모형이 없다. 따라서 향후 현장에서 찾아가는 상담을 요구하는 빈도가 높아진다면 제공되는 서비스의 질적 향상과 아울러 대상자 이익을 보장하는 맥락에서 그에 적합한 수퍼비전 모형이 개발되어야 할 것이다. 교육과정 모형 개발과 수퍼비전 모형 개발은 향후 찾아가는 상담의 중요한 과제로 수행되어야 할 것이다.

3. 제도적 보완 노력

찾아가는 상담뿐만 아니라 상담서비스 제공에 대해서 우리나라에서는 아직 제도적 뒷받침을 충분히 확보하는 데까지 이르지 못했다. 최근까지의 상황을 조망해 보면, 청소년 상담 영역에서 부분적으로 법적·제도적 뒷받침을 확보하고 있을 뿐, 나머지 영역에서는 제도적 뒷받침을 확보하기 위해 노력하는 시기라고 할 수 있다.

1) 찾아가는 상담에 대한 연구

앞서 언급하였듯이 찾아가는 상담의 대상자들은 대체로 긴급한 개입이 필요하거나, 가정경제적으로 빈곤한 경우가 많다. 반드시 그렇다고 말하기는 어려우나 대체로 위기를 경험하고 있는 대상자들이다. 따라서 그들에 대한 개입도 공공서비스의 하나로 확대되어야 한다. 그러기 위해서는 제도적 뒷받침이 수반되어야만 한다. 또한 제도적 뒷받침을 위해서는 정책에 반영 가능한 연구들이 많이 축적되어야 한다. 물론 제도화하면서 연구가 수행될 수도 있고, 또는 제도화한 후에 후속 연구들이 진행될 수도 있을 것이다.

찾아가는 상담은 연구자들에게 상당히 많은 호기심을 제공해 준다. 현장에 방문하여 제공하는 일회성 상담이 효과가 있을지, 어떻게 접근하여 어떤 말을 건네고 어떤 태도를 보여 주는 것이 대상자로 하여금 붕괴된 현실감각을 되찾게 도와줄 수 있는지, 상담자의 어떤 특성이 자살을 시도하는 대상자로 하여금 짧은 시간에 삶의 희망을 가지게 하는지, 수용 · 공감 · 존중 외에 위기현장에서 또 다른 촉진적 관계형성 기법이 적용될 수 있는지 등 발견할 수 있는 연구 주제들이 많다. 이것을 조금 더 정리해 보면 ① 찾아가는 상담의 개념, 형식, 내용 등에 관한 연구, ② 찾아가는 상담자가 활용 가능한 개입전략 또는 기법 개발 및 평가 연구, ③ 찾아가는 상담 개입의 효과, ④ 찾아가는 상담 관련 법, 정책 등 제도 연구, ⑤ 찾아가는 상담 대상에 대한 기초 연구 등이 될 것이며 연구방법의 측면에서도 다양한 방식들이 활용될 수 있을 것이다.

결국 다양하게 시도되는 연구들은 찾아가는 상담을 제도화하는 데 근거가 될 것이다. 우리나라에서는 찾아가는 상담 가운데 청소년동반자들의 개입에 대한 연구가 일부 진행되었다. 또한 긴급구조, 일시보호, 연계를 통한 위기청소년 지원을 종합하였다고 할 수 있는 CYS-Net의 효과성에 대한 연구가 몇 차례 진행되었다. 이창호 등(2007)의 연구에 따르면, 찾아가는 상담을 포함한 CYS-Net 개입 결과, 우울, 불안, 충동공격성 등의 내적변인들이 유의미하게 감소하였고($p<.001$), 부정적인 부모자녀관계 역시 유의미하게 감소하였다($p<.01$). 또한 학교에 대한 흥미가 유의미하게 향상된 결과($p<.05$)를 보여 주고 있다. 이 연구는 비록 찾아가는 상담만을 연구한 것은 아니지만 의미 있는 시도라고 여겨진다. 향후 개입의 효과를 알아보거나, 더 효율적인 개입 방안을 개발하고 평가하거나, 서비스를 이용하는 대상자들의 만족도를 조사하는 등 다양한 연구들이 수행되어야 할 것이다.

앞서 언급한 것처럼 연구는 상담자들의 활동을 옹호하게 해주고 제도적 뒷받침을 이끌어 내는 중요한 활동이다. 하지만 옹호의 궁극적인 수혜자는 상담의 대상자들이다. 왜냐하면 상담에 대한 옹호와 연구의 목적이 결국은 "상담서비스를 받는 사람들의 이익을 극대화시키고 해로움을 최소화시키는 데 있기 때문"이다(노성덕 등 공역, 2008). 찾아가는 상담에 대한 연구는 상담자들이 고객들에게 제공한 상담서비스가 안전하고 효과적이라는 객관적이고도 과학적인 근거와 신뢰감을 제공해 준다. 그리고 이런 과학적 근거는 지속적으로 예산을 확보할 수 있는 토대가 되고, 정책과 제도를 입안하는 사람들에게 상담자들의 활동을 신뢰할 수 있도록 도와준다. 그러므로 앞으로 많은 연구들이 수행되어야 하는데 앞에서 이미 찾아가는 상담의 주제를 언급하였지만, 그 외에도 실제로 중앙정부나 지방자치단체, 기업이나 기관 등의 상담 정책에 영향을 미칠 수 있는 연구들도 필요하다.

2) 법적 근거를 마련하기 위한 노력

제도적 뒷받침과 법적 근거는 다른 것이 아니다. 제도적으로 뒷받침되기 위해서는 법으로 활동이 보장되어야 하기 때문이다. 찾아가는 상담은 아직 법적 근거를 충분히 마련하지 못한 상태다. 따라서 법적 근거를 마련하는 것은 찾아가는 상담의 중요한 과제가 된다. 찾아가는 상담 중 법에서 가장 많이 언급되는 것이 '긴급구조'라 할 수 있다.

법제처 홈페이지에서 긴급구조에 관련된 법률을 검색하면 〈표 17〉에 정리된 법들이 검색된다. 그러나 긴급구조라고 언급되는 것이 모두 찾아가는 상담은 아니다. 찾아가는 상담의 관점에서 볼 때, 청소년 상담 영역에서의 긴급구조를 언급하고 있는 청소년기본법 '제46조' 및 '제46조의 2', 동법 시행령 '제33조' 및 '제33조의 2'에서 '긴급구조를 위한 전화 운영'과 '청소년상담 및 긴급구조 등을 위하여 필요한 사업'을 수행할 것을 명시하고 있다. 유사한 법으로는 아동복지법 '제27조'와 동법 시행령 '제18조'에 '아동학대 현장에 출동해야 하는' 것과 관련된 사항에 대해 언급하고 있다. 그리고 위치정보의 보호 및 이용 등에 관한 법률 '제15조' 및 '제29조'에서 '긴급구조 기관의 긴급구조 요청' 시 위치 정보를 제공하는 것과 관련된 사항들을 명시하고 있다. 그러나 법률 시행규칙 등에는 구체적인 긴급구조 상담, 또는 현장에 찾아가는 상담에 대해 자세하게 명시되어 있지 않다.

〈표 17〉 긴급구조 관련 법 조항 개관

법	조 항	관 련 내 용
긴급구조 대응활동 및 현장지휘에 관한 규칙	전조항	제1장 총칙: 목적, 긴급구조관련기관등 관련 용어 정의 등 제2장 긴급구조 대비체제의 구축: 재난의 최초 접수자의 임무, 현장지휘관 등의 임무, 긴급구조체제의 구축, 통합지휘조정통제센터의 구성 및 기능 등 제3장 표준현장지휘체계: 표준현장지휘체계, 재난현장 표준작전 절차 등 제4장 통제단 등의 설치 · 운영: 긴급구조지원기관 등의 역할, 중앙통제단의 구성, 현장지휘소의 시설 및 장비, 통제단의 운영기준, 긴급구조지휘대의 구성 및 기능 등 제5장 현장응급의료소의 설치 · 운영: 현장응급의료소의 설치, 응급처치반의 임무, 이송반의 임무, 의료소에 대한 지원 등 제6장 구조활동상황의 보도 안내 등 제7장 긴급구조대응계획의 작성 및 운용 등: 심의위원회의 구성 및 운용, 긴급구조대응계획의 작성책임, 긴급구조대응계획의 배포 · 관리, 기본계획의 작성체계, 기능별 긴급구조대응체제의 구축, 긴급구조세부대응계획의 작성체계, 긴급구조세부대응계획의 작성절차 등 제8장 긴급구조활동에 대한 평가: 긴급구조활동 평가항목, 긴급구조활동평가단의 구성, 평가 실시, 평가결과의 보고 및 통보, 평가결과의 조치 등
청소년 기본법	제46조 (46조의2)	제46조(시 · 도의 청소년상담 및 긴급구조 등의 기관 설치) –청소년에 대한 상담 · 긴급구조 · 자활 · 치료 등의 기능을 수행하는 기관 설치 · 운영

청소년 기본법 시행령	제33조 (33조의2)	제33조(시·도의 청소년상담 및 긴급구조 등 기관의 기능 등) –청소년상담 또는 긴급구조를 위한 전화운영 –청소년 폭력, 학대 등으로 피해를 당한 청소년의 긴급구조 및 법률·의료지원 –그 밖에 청소년상담 및 긴급구조 등을 위하여 필요한 사업
아동 복지법	제27조	제27조(응급조치 의무 등) –아동학대신고를 접수한 직원이나 사법경찰관은 지체 없이 현장에 출동하여야 함
아동 복지법 시행령	제18조	제18조(응급조치의무 등) –아동보호전문기관의 직원 또는 사법경찰관리가 아동학대의 현장에 출동한 때에는 그 현장을 조사하여 보건복지가족부령이 정하는 현장조사서를 작성하여야 함
아동 복지법 시행규칙	별표4 (16조1항)	–아동보호전문기관에는 긴급전화의 운영과 법 제25조의 업무수행에 필요한 기관의 장 1인 및 상담원 6인 이상을 배치 –학대받은 아동의 신고·접수, 긴급출동 등 아동학대관련 업무수행에 필요한 사무원 등 필요인력 1인 이상을 두어야 한다.
위치정보의 보호 및 이용 등에 관한 법률	제29조	제29조 (긴급구조를 위한 개인위치정보의 이용) –「재난 및 안전관리 기본법」 제3조 제7항의 규정에 따른 긴급구조기관(이하 "긴급구조 기관"이라 한다)은 급박한 위험으로부터 생명·신체를 보호하기 위하여 개인위치정보주체, 개인위치정보주체의 배우자, 2촌 이내의 친족 또는 「민법」 제928조의 규정에 따른 후견인(이하 "배우자등"이라 한다)의 긴급구조요청이 있는 경우 긴급구조 상황 여부를 판단하여 위치정보사업자에게 개인위치정보의 제공을 요청할 수 있음 –요청을 받은 위치정보사업자는 그 개인위치정보주체의 동의 없이 개인위치정보를 수집할 수 있으며, 개인위치정보주체의 동의가 없음을 이유로 긴급구조기관의 요청을 거부하여서는 안 됨 –긴급구조기관과 긴급구조업무에 종사하거나 종사하였던 자는 긴급구조 목적으로 제공받은 개인위치정보를 긴급구조 외의 목적에 사용하여서는 아니 됨

긴급구조라는 용어를 직접 사용하는 법은 긴급구조 대응활동 및 현장지휘에 관한 규칙, 위치정보의 보호 및 이용 등에 관한 법률, 청소년기본법 등이다. 아동복지법에서는 긴급출동이라는 용어를 사용하고 있다. '긴급구조 대응 활동 및 현장 지휘에 관한 규칙'은 각종 재난 발생에 대비해서 긴급구조 활동을 수행하도록 규정해 놓은 법이다. 〈표 17〉에서처럼 이 규칙은 총 8장 44개 조항으로 구성되어 있다. 그리고 관련 사항들을 별도로 정리한 10개의 별표와 5개의 서식이 부록에 포함되어 있다. 내용을 보면 긴급구조 대비체제 구축과 현장 지휘 체계 표준화, 그리고 중앙 및 지방통제단의 구성과 운영 기준, 현장 응급 의료소 설치 및 운영, 구조 활동 상황의 보도 안내, 긴급구조 대응 계획의 작성 및 운영, 긴급구조 활동에 대한 평가 등을 어떻게 수행해야 하는지 상세하게 정리되어 있다. 국가가 재난 등으로부터 국민의 생명과 재산을 보호하기 위한 긴급구조 활동을 위해 필요한 사항들을 법으로 규정해 놓는 것은 당연하다. 적어도 재난 등으로 발생하는 위기상황에 대해 국가가 대책을 마련하지 않을 수 없을 것이다.

그렇다면 상담에서의 긴급구조 활동 역시 국가가 하나의 재난으로 간주하고 정책을 수행해 가는 것이 필요하다. 다른 관점에서 보면 긴급한 구조가 필요한 상황들에는 심리적 영역에 대해 대비하는 조치가 필요할 수도 있다. 예를 들어, 위기아동과 위기청소년의 경우는 자신의 의지와 관계없는 상황들 때문에 심각한 위기를 경험하는 경향이 있다(구본용 등, 2005; 노성덕 등 공역, 2008). 그 때문에 정부가 아동이나 청소년 대상의 긴급구조 활동을 상담전문가로 하여금 공공서비스로 제공하도록 하고 있는 것이다. 이것은 재난과 같은 맥락에서 위기의 아동과 청소년들을 보호하고자 하는 정부의 노력이라 할 수 있을 것이다. 그러나 의지와는 달리 그것이 법에 잘 반영되어 있지는 않은 상태다. 앞에서 언급한 것처럼 아동복지법이나 청소년기본법에서 긴급구조나 긴급출동 등에 관한 상세한 사항이 생략되어 있다. 청소년기본법에는 긴급구조 등의 기능을 수행하는 기관을 설치 운영할 수 있다는 조항이 있고, 이 기관에는 긴급구조를 위한 전화운영 및 긴급구조 등을 위하여 필요한 사업을 수행해야 한다는 것을 대통령령으로 명시한다고 언급하고 있을 뿐이다. 실제 시행규칙에는 긴급구조와 관련된 어떤 내용도 없다.

아동복지법은 학대 아동을 보호하기 위한 목적에서 긴급출동에 대한 사항들을 명시하고 있는데 아동학대신고를 접수한 직원이나 사법경찰관이 지체 없이 현장에 출동해야 한다고 기록하고 있다. 그리고 동법 시행령에는 현장에 출동해서 응급조치를 취한 후 그 결과를 현장조사서로 작성해야 한다고 언급하고 있다. 같은 맥락에서 동법 시행규칙 별표4를 마련하여 긴급출동을 수행하는 아동보호전문기관에 긴급전화를 운영할 것과 업무수행에 필요한 인력을 7명 이상 배치할 것을 의무화하고 있으며, 신고접수 및 긴급출동을 위한 필요 인력 1인 이상을 두어야 한다고 명시하고 있다. 이런 측면에서 '긴급구조를 수행해야 한다.'는 정도만을 언급한 청소년기본법보다는 약간 더 상세하다고 할 수 있을 뿐이다. 그러나 찾아가는 상담의 경우, 긴급구조 장비나 차량, 찾아가서 긴급개입할 경우 위기상황에서의 대상자 보호 조치 등에 관한 법적 근거, 찾아가는 상담자 신변보호 등이 중요한 쟁점이 되지만 이에 대한 대비책이 법으로 마련되어 있지 않다. 단지 각 사업에 따라 정부나 연구자들이 간략한 지침이나 주의사항 정도를 제시하고 있을 뿐이다. 따라서 향후 찾아가는 상담이 우리 사회에 중요한 상담개입방법의 하나로 활용되어 위기를 경험하는 대상자들에게 시의적절하고 효과적인 공적 서비스가 제공되도록 하기 위해서는 이에 대비한 법적 근거 마련을 중요한 과제로 삼고 노력해야 할 것이다.

법적인 근거를 확보하기 위해서는 앞 절에서 언급한 것처럼 과학적 근거가 될 수 있는 연구 결과들을 제공하기 위해 애써야 한다. 그리고 연구 이외에도 법을 개정하는 데 참여하는 사람들을 만나 찾아가는 상담의 중요성을 이야기하고 필요한 자료를 제공해 주는 등의 역할도 해야 한다. 미국의 경우는 상담자들이 공청회에 참석해서 법 개정을 지지하거나 반대하는 활동을 적극적으로 하도록 권장하고 있다. 미국상담학회(ACA)는 관련있는 상정 법안들을 회원들에게 알려 주어 회원들이 자신의 지역 출신 의원들에게 편지를 쓰거나 전화를 해서 자신의 입장을 표현하도록 하고 있다(노성덕 등 공역, 2008). 그러나 이 과정에서 개정을 요구하는 법과 규정을 대표하는 사람들에게는 상담자들의 표현이 공격으로 받아들여질 수 있기 때문에 객관적인 근거를 잘 준비하는 것이 필요하고, 무엇보다 자기의 의사를 표현하고 상대측의 공격을 방어할 용기가 필요하다고 지적한다. 우리나라에도 청소년기본법, 아동복지법, 교육기본법, 학교폭력 예방 및 대책에 관한 법률, 성폭력 범죄의 처벌 및 피해자 보호 등에 관한 법률, 성매매방지 및 피해자보호 등에 관한 법률, 가정폭력방지 및 피해자보호 등에 관한 법률, 다문화 가족 지원법, 건강가정 기본법, 실종 아동 등의 보호 및 지원에 관한 법률, 여성발전 기본법, 근로기준법, 고용정책 기본법, 기간제 및 단시간근로자 보호 등에 관한 법률, 국민건강증진법, 공중위생 관리법, 평생교육법, 인적자원개발 기본법 등 상담자의 활동에 영향을 미치는 법들이 매우 많다. 그런데 이와 같은 법의 내용에 대해 상담자들이 관심을 갖지 않는 경향이 있다. 이것은 외국에서도 마찬가지인 것 같다. 미국의 경우도 과거에는 상담자들이 개인적 수준에서의 변화를 추구하는 경향이 있다 보니 사회복지 분야와 비교해 볼 때 옹호활동의 중요성에 덜 민감했다는 것이다. 사실 우리나라는 옹호 활동이 더 미미하다. 하지만 우리의 고객들이 상담서비스를 통해 건강한 대한민국 국민으로서의 삶을 영위하도록 하기 위하여 제도적 뒷받침을 확보하기 위한 노력을 기울여야 한다. 특히 대학에서 상담자들을 양성해 내는 교수들이 제도적 뒷받침 확보의 필요성을 절실히 느끼면서 역량을 집중해야 할 때라고 보인다. 이런 노력이 대한민국 국민들로 하여금 대도시나 산

간벽지에서나 양질의 전문적 상담서비스의 혜택을 나누어 누리고 헌법에서 보장하고 있는 인간다운 삶, 보다 나은 삶, 행복하고 가치 있는 삶, 몸과 정신이 모두 건강한 삶을 누리도록 기여하게 될 것이다.

|참고문헌|

구본용, 구혜영, 이명우(1994). 또래상담 훈련프로그램 개발연구. 서울: 청소년 대화의광장.

국가청소년위원회(2006). 청소년동반자프로그램 운영 매뉴얼. 서울: 국가청소년 위원회.

금명자, 장미경, 양미진, 이문희(2004). 청소년 또래상담. 서울: 한국청소년상 담원.

김계현(1995). 카운슬링의 실제. 서울: 학지사.

김계현(1997). 상담 심리학. 서울: 학지사.

김계현(2002). 우리나라 청소년상담과 수퍼비전. 청소년상담 수퍼비전, pp. 1-32. 서울: 한국청소년상담원.

김계현, 김동일, 김병석, 김영석, 김원중, 김창대, 김혜숙, 박성수, 박성희, 박재황, 반신환, 유성경, 유정이(1999). 사회문제와 카운슬링. 청남 정원식 박사 고희기념논저 카운슬링의 원리, pp. 677-727. 서울: 교육과 학사.

김기태(2006). 위기개입론(제3판). 서울: 대왕사.

김성이, 강지원, 황순길, 구본용(1996). 청소년 비행상담. 서울: 한국청소년상 담원.

김진희, 이상희, 노성덕(1999). 또래상담 운영 방안 연구. 서울: 한국청소년상 담원.

김태호(1991). 외국상담이론과 연구결과의 한국사회에서의 적용. 대학상담 연구, 2(1), 29-38.

김호정, 노성덕, 전연진(2007). 1388청소년지원단 운영의 실제. 서울: 한국청소 년상담원.

노성덕(2007a). 고등학교 또래상담 정착에 영향을 미치는 요인에 대한 질적 분석. 청소년상담연구, 15(2), 15-28.

노성덕(2007b). 인문계 여자고등학교 또래상담 정착과정에 대한 근거이론 분석. 아시아교육연구, 8(3), 189-222.

노성덕, 박승민, 박경희, 신을진 공역(2008). 상담기관의 카운슬러되기. 서울: 시그마프레스.

노성덕, 이상희(1999). 학교에서의 또래상담 활용을 위한 운영방안. 상담교육연구, 2(1), 57-70.

박성수, 오익수, 이숙영(1997). 청소년상담발전 기본 구상. 서울: 청소년대화의 광장.

송은아, 노성덕(2007a). 위기개입(개정판). 서울: 한국청소년상담원.

송은아, 노성덕(2007b). 일시보호사업 운영의 실제. 서울: 한국청소년상담원.

시사영어사(2008). 엘리트 영한사전. 서울: 시사영어사.

안양시청소년지원센터(2007). 지역사회청소년사회안전망(CYS-Net) 구축과 청소년지원센터의 역할. 안양시 CYS-Net 출범식 자료집, pp. 1-21.

오경자, 이기학, 배주미(2006). 청소년동반자 활동 매뉴얼(개정판). 서울: 국가청소년위원회.

유성경(2001). 한국문화와 상담연구. 한국문화와 청소년상담 세미나, pp. 121-152. 서울: 한국청소년상담원.

유주형, 김규훈, 조은정, 이윤희(2008). 2007년 CYS-Net 통계자료집. 서울: 한국청소년상담원.

윤현영, 김지혜, 황동아, 김경아, 권선중, 장민수(2006). 가출청소년을 위한 아웃리치 매뉴얼. 서울: 국가청소년위원회.

이상희, 노성덕, 이지은(2000). 단계별 또래상담 훈련프로그램 개발연구. 서울: 한국청소년상담원.

이상희, 노성덕, 이지은(2004). 또래상담. 서울: 학지사.

이소우, 김용태, 김진숙, 반신환, 조성호(1997). 청소년 위기상담. 서울: 한국청소년상담원.

이수림, 장혜아 편(2007). 2007 청소년동반자프로그램 운영보고서. 서울: 한국청소년상담원.

이장호(1995). 상담면접의 기초. 서울: 중앙적성출판사.

이창호, 김동일, 노성덕, 최수미, 김상수(2007). CYS-Net 효과성 연구. 서울: 한국청소년상담원.

전찬화(1992). 서론(상담자의 역할). 상담의 이론과 실제(대학상담학회 편). 서울: 교육과학사.

정원식, 박성수(1994). 카운슬링의 원리. 서울: 교육과학사.

지승희, 송미경, 배주미(2006). 청소년동반자 수퍼비전 지침서. 서울: 한국청소년상담원.

청소년보호위원회(2002). 가출 청소년 보호시설 매뉴얼 개발. 서울: 청소년보호위원회.

한국청소년개발원(2007). 2006 청소년백서. 서울: 한국청소년개발원.

한국청소년상담원(2007a). 제3차 CYS-Net 추진단회의 자료집. 서울: 한국청소년상담원.

한국청소년상담원(2007b). 2007 지역사회청소년 통합지원체제(CYS-Net) 운영결과 보고서. 서울: 한국청소년상담원.

Attikinson, D. R., & Gim, R. H. (1989). Asian-American cultural identity and attitudes toward mental health services. *Journal of Counseling Psychology, 36,* 209-211.

American Psychiatric Association (1994). *Diagnostic and statistical manual of mental disorders* (4th ed.). Washington: APA.

Carr, R. A., & Saunders, G. A. K. (1998). *Peer counseling starter kit.* Victoria: Peer Resource.

Hershenson, D. B., Power, P. W., & Waldo, M. (1996). *Community Counseling: Contemporary theory and practice.* Massachusetts: Allyn & Bacon.

Lewis, J. A., Lewis, M. D., Daniels, J. A., & D'Andrea, M. J. (2003). *Community Counseling: Empowerment strategies for a diverse society.* USA: Brooks/Cole.

Lewis, J. A., & Lewis, M. D. (1983). *Community Counseling: A human service approach.* Massachusetts: Allyn & Bacon.

Tindall, J. A. (1995). *Peer program* (2nd ed.). Bristol: Accelerated Development Inc.

Varenhorst, B. B. (1984). Peer counseling: Past promises, current status, and future directions. In Brown & Lent (Eds.), *Handbook of counseling psychology.* NY: John Weley & Sons.

Zhang, A. Y., Snowden, L. R., & Sue, S. (1998). Differences between Asian and White Americans' help seeking and utilization pattern in the Los Angeles area. *Journal of Community Psychology, 26,* 317-326.

참고한 인터넷 사이트

법제처 www.moleg.go.kr

서울대학교 교육학과 상담 전공 홈페이지 http://learning.snu.ac.kr/~counsel

안양시청소년지원센터 www.egfriend.or.kr

이화여자대학교 심리학과 상담 전공 홈페이지 http://home.ewha.ac.kr/~psych

전주대학교 상담대학원 http://counseling.jj.ac.kr

한국상담학회 www.counselors.or.kr

상담심리학회 www.krcpa.or.kr

한국청소년상담원 www.kyci.or.kr

|찾아보기|

저자 소개

노성덕

서울대학교에서 상담전공으로 교육학 박사학위를 취득하였다. 서울대학교 대학생활문화원과 전북대학교 학생생활연구소, 한국청소년상담원 등에서 상담자로 활동하였으며, 안양시청소년상담센터 소장을 역임하였다. 현재 보건복지가족부 산하 한국청소년상담원에서 상담조교수로 일하고 있으며, 백석대학교 상담대학원에 출강하고 있다. 1급 청소년상담사(문화관광부), 1급 전문상담사(한국상담학회), MBTI강사(한국MBTI연구소) 등의 자격을 취득하였으며, 저 · 역서로는 『또래상담』(학지사, 2004), 『청소년비행 및 약물중독상담』(학지사, 2005), 『상담기관의 카운슬러되기』(공역, 시그마프레스, 2008) 등이 있다.

상담학 Best Practice 시리즈-상담기법 영역 3

찾아가는 상담

2008년 6월 25일 1판 1쇄 인쇄
2008년 6월 30일 1판 1쇄 발행

지은이 • 노성덕
펴낸이 • 김진환
펴낸곳 • 학지사
121-837 서울특별시 마포구 서교동 352-29 마인드월드빌딩 5층
대표전화 • 02)326-1500 / 팩스 02)324-2345
홈페이지 • http://www.hakjisa.co.kr
등 록 • 1992년 2월 19일 제2-1329호

ISBN 978-89-5891-738-0 93180

정가 10,000원